EYYÜP BEYHAN

Quranlesen
leicht gemacht
Lehrbuch mit praktischen Übungen

SEMERKAND

SEMERKAND

yayin@semerkand.com
ISBN: 978-3-95707-001-2
İstanbul 2013

Verfasser : Eyyüp Beyhan
Herausgeber : Ahmet Murat Özel
Korrektur : Hüseyin Okur
Übersetzung : Esra Ardıç
Umschlaggestaltung : Mustafa Hıçkıran
Layout : Mustafa Hıçkıran
Druck : Pasifik Ofset

© Erol Medien Alle Rechte vorbehalten
Öffentlicher Vertrieb

AVRUPA Erol Medien GmbH Kölner Str. 256-51149 Köln **Tel.:** 0 22 03 - 36 94 90
Fax: 0 22 03 - 36 94 910 **Online Satış:** www.onlinefuar.de **E-Mail:** info@erolmedien.de

Wer sich an den Zeitplan dieses Programms hält, alle Lektionen gründlich durcharbeitet und die dazugehörigen Übungen umsetzt, kann bereits nach 15 Tagen zum Lesen des Edlen Quran übergehen.

Tag	Stunden	Thema	Übungen
1.	2	Wir lernen die arabischen Buchstaben. **Seite 7-12**	Schriftliche Aufgaben. **Seite 13-16**
2.	2	Schreibweise der Buchstaben am Wortanfang, in der Wortmitte und am Wortende. **Seite 17**	Schriftliche Aufgaben. **Seite 18-20**
3.	2	Wir lernen die Vokalzeichen. **Seite 21**	Schriftliche Aufgaben. **Seite 22-23**
4.	2	Aussprache von Worten, die das Vokalzeichen [e] beinhalten. **Seite 24**	Leseübungen zum Vokalzeichen [e]. **Seite 25**
5.	2	Aussprache von Worten, die das Vokalzeichen [i] beinhalten. **Seite 26**	Leseübungen zum Vokalzeichen [i]. **Seite 27**
6.	2	Aussprache von Worten, die das Vokalzeichen [u] beinhalten. **Seite 28**	Leseübungen zum Vokalzeichen [u]. **Seite 29**
7.	2	Wir machen uns mit dem Dschezm vertraut. **Seite 30**	Leseübungen zum Dschezm. **Seite 31**
8.	2	Wir machen uns mit dem Scheddeh vertraut. **Seite 32**	Leseübungen zum Scheddeh. **Seite 33-34**
9.	2	Wir lernen die Dehnungsvokale. **Seite 35-36**	Leseübungen zu den Dehnungsvokalen. **Seite 37-40**
10.	2	Wir machen uns mit dem Tenwin vertraut. **Seite 41-42**	Leseübungen zum Tenwin. **Seite 43-45**

Tag	Stunden	Thema	Übungen
11.	2	Aussprache des Wortendes. **Seite 46**	Gemischte Übungen. **Seite 47**
		Wir machen uns mit dem Dehnungszeichen vertraut. **Seite 48**	
		Wir machen uns mit dem Elif, in Form von "Waw" und "Ya" bekannt. **Seite 49**	
12.	2	Aussprache des „He". **Seite 50**	
		Der Artikel „El" (Elif-Lam). **Seite 51-52**	
13.	2	Die 99 Namen „Allahs". **Seite 53**	
		Wir lernen die Aussprache des Namens „Allah". **Seite 54**	
		Das Lesedehnungszeichen. **Seite 55**	
14.	2	Die Huruful Muqatta'ah. **Seite 56**	
		Wir lernen die Verschmelzung des Tenwin und des „Stummen Nun" mit anderen Buchstaben. **Seite 57**	
15.	2	Wir lernen wie man Tenwin und „Stummes Nun" in Verbindung mit „Be" als „Mim" liest (Iqlab). **Seite 58**	
		Wir lernen die betonte Aussprache des Tenwin und des "Stummen Nun" (Ikhfa'). **Seite 59**	
		Wir beginnen mit dem Quranlesen. **Seite 60**	

Vorwort

Der Edle Quran ist das heilige Buch. Er ist das Mittel zur Erlösung der Menschheit. Er ist der Wegweiser für alle Muslime. Um diesem Buch den ihm gebührenden Wert beizumessen, wurden uns Muslimen auch einige Verpflichtungen gegenüber dem Edlen Quran aufgetragen. Eine dieser Verpflichtungen ist, dass wir erlernen, ihn auf schönste Art und Weise vorzutragen. Der Prophet – Allahs Segen und Friede sei auf ihm – ruft uns mit den folgenden Worten dazu auf, die Rezitation des Edlen Quran zu erlernen und dieses Wissen an andere weiterzugeben: *"Die Besten unter euch sind diejenigen, die den Quran lernen und lehren!"* [Bukhari: "Fada'ilul Quran", 4739]

Sofern man die richtige Methode dabei anwendet, ist das Erlernen des Edlen Quran nicht mühsam, sondern bereitet im Gegenteil sogar Freude. Um dies zu bewerkstelligen wurde das vorliegende Werk mithilfe eines neuen Konzepts entwickelt: Es wird mehr Wert auf praktische Übungen gelegt und sein Gebrauch ist einfacher, als der früherer Auflagen und vergleichbarer Werke. Dabei weist diese Auflage folgende Verbesserungen auf:

1. Die Übungen wurden so gestaltet, dass Sie eine aktive Rolle beim Lernen einnehmen.
2. Die Schreibübungen führen dazu, dass Sie die Buchstaben besser im Gedächtnis behalten.
3. Damit die Aneignung des Lehrstoffs mehr Spaß bereitet, wurden Übungen eingefügt, mit deren Hilfe die einzelnen Lektionen praktisch umgesetzt werden können.
4. Auf die gängige Methode des bloßen Auswendiglernens des Quranalphabets wurde verzichtet. Diese wurde durch die "Methode des logischen Nachvollziehens" ersetzt.
5. Damit dem Schüler der Übergang zum Quranlesen leichter fällt, wurden die Übungen in diesem Heft mit zahlreichen Beispielen aus dem Edlen Quran angereichert.
6. Damit sich das Erlernte langfristig im Gedächtnis festsetzen kann, wurde auf die „assoziative Lernmethode" zurückgegriffen.
7. Es wurde darauf geachtet, dass der Lehrplan, der zu Beginn dieses Heftes aufgestellt wurde, leicht einzuhalten ist und Sie bereits nach 15 Tagen damit beginnen können, im Edlen Quran zu lesen.

Ich hoffe, mit diesem Werk einen Beitrag dazu geleistet zu haben, dass den Quranschülern das Erlernen des Edlen Quran leicht fällt und ihnen Freude bereitet. In diesem Sinne wünsche ich allen Quranschülern viel Erfolg und viel Vergnügen.

Eyyüp Beyhan

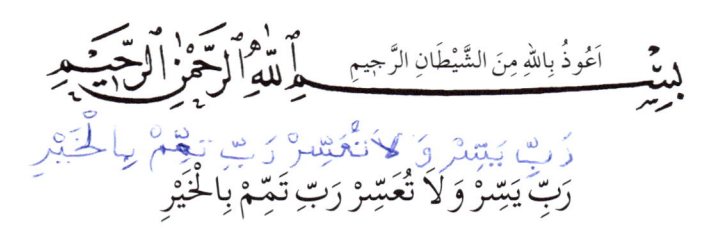

بِسْمِ اللهِ الرَّحْمٰنِ الرَّحِيْمِ اَعُوْذُ بِاللهِ مِنَ الشَّيْطَانِ الرَّجِيْمِ

رَبِّ يَسِّرْ وَلَا تُعَسِّرْ رَبِّ تَمِّمْ بِالْخَيْرِ

„Mein Herr, erleichtere und erschwere nicht. Mein Herr, lass mich (mein Begehren) im Guten abschliessen!"

Wir lernen die arabischen Buchstaben

Die Sprache des Edlen Quran ist das Arabische. In der arabischen Sprache gibt es 28 Buchstaben. Diese werden – anders als im Deutschen – nicht von links nach rechts, sondern von rechts nach links geschrieben und gelesen.

02.24

ج	ث	ت	ب	اء
ح	خ	د	ذ	ر
ض	ص	ش	س	ز
ف	غ	ع	ظ	ط
ن	م	ل	ك	ق
	ى	لا	ه	و

Die arabischen Buchstaben

7

Die Aussprache der arabischen Buchstaben

Wir lernen die Aussprache der arabischen Buchstaben

Im arabischen Alphabet ist es besonders wichtig, dass jeder einzelne Buchstabe richtig erkannt und ausgesprochen wird. Die folgende Tabelle soll uns dabei behilflich sein, die Aussprache der einzelnen Buchstaben von Anfang an korrekt zu erlernen. Versuchen Sie, die Buchstaben, mithilfe der Erläuterungen, richtig auszusprechen.

An dieser Stelle muss darauf hingewiesen werden, dass es unerlässlich ist, den Edlen Quran unter der Anleitung eines qualifizierten Lehrers zu erlernen.

In der arabischen Sprache kommen nämlich einige Buchstaben vor, die es im Deutschen so nicht gibt. Deren korrekte Aussprache können wir nur erlernen, wenn uns ein Fachmann diese Buchstaben immer wieder vorspricht und uns in unserer Aussprache korrigiert. Aus diesem Grunde haben wir die Aussprache dieser Buchstaben nicht anhand eines Beispielwortes erläutert, sondern mit einem Sternchen (*) in der Spalte „Erläuterungen" gekennzeichnet.

Die Aussprache der arabischen Buchstaben

Buchstabe	Name des Buchstaben	Erläuterung
أ	Elif	wie: Äpfel
ب	Be	wie: Bär
ت	Te	wie: Teer
ث	The	stimmloser Lispellaut wie engl.: thanks
ج	Dschim	wie: Dschungel
ح	Ha	* scharfes, aus der Kehle gesprochenes h
خ	Kha	wie: Dach
د	Dal	wie: dünn
ذ	Dhal	stimmhafter Lispellaut wie in engl.: this
ر	Ra	vorn gerolltes r, wie spanisch Roberto
ز	Ze	wie: Sahne
س	Sin	wie: Maß
ش	Schin	wie: Schule
ص	Sad	* dumpfes, stimmloses s, wie engl.: swear

Die Aussprache der arabischen Buchstaben

Buchstabe	Name des Buchstaben	Erläuterung
ض	Dad	* dumpfes, stimmhaftes d
ط	Ta	* dumpfes, stimmloses t ohne Hauchlaut
ظ	Za	* dumpfes, stimmhaftes s
ع	Ayn	* tief aus der Kehle gepresster Reibelaut,
غ	Ghayn	ähnlich wie: rein
ف	Fe	wie: Finger
ق	Qaf	* hinten im Gaumensegel gesprochenes hauchloses K
ك	Kef	wie: Käfer
ل	Lam	wie: Liebe
م	Mim	wie: Mut
ن	Nun	wie: nun
ه	He	wie: herrlich
و	Waw	wie engl.: while
ي	Ya	wie: jeder

Zusätzliche Schriftzeichen, die nicht als reguläre Buchstaben gelten:

Zeichen	Erläuterung
ة	erscheint nur am Wortende; wird in der Sprechpause wie „H" mit Dschezm (also kaum hörbar) und im Satzzusammenhang wie „T" gesprochen.
لا	Lam und Elif verbunden, kann als eigener Buchstabe gezählt werden. (Funktion wird im Folgenden näher erklärt).
ء	bezeichnet einen Glottisschlag (vgl. deutsch: be_achte). Kann sowohl am Silbenanfang als auch am Silbenschluss stehen.

Die phonetischen Eigenschaften der einzelnen Konsonanten

Wir machen uns mit den dunklen Konsonanten vertraut

خ	ص	ض	ط	ظ	غ	ق

ح	ر	ع

Anmerkung: Bei dunklen Konsonanten wird das Vokalzeichen [e] wie ein „a" ausgesprochen, bei hellen Konsonaten wie ein „e". Trägt der Buchstabe „Ra" das Vokalzeichen [e] oder [u], dann wird er dunkel ausgesprochen. Trägt er das Vokalzeichen [i], so wird er hell ausgesprochen.

Wir machen uns mit den hellen Konsonanten vertraut

س	ز	ذ	د	ج	ث	ت	ب	أ

ي	ه	و	ن	م	ل	ك	ف	ش

Wir machen uns mit den gelispelten Konsonanten vertraut

ذ	ث	ظ

Benennung der Buchstaben
Schreiben Sie die richtige Aussprache der Buchstaben in die leeren Kästchen!

ج	خ	ت	لا	رر
		Te		Ra
اء	ش	د	ث	ح
Elif			The	
غ	ص	ذ	س	زن
ف	ض	ع	ن	ط
ظ	م	ى	كك	ه
	ل	ب	ق	و
		Be		

Übungen

Benennung der Buchstaben
Schreiben Sie die richtige Aussprache der Buchstaben in die leeren Kästchen!

_	ث	_	ب	اء
ر	د	_	ح
ض	_	س	_
_	غ	ظ	_
ن	ل	_	ق
	ى	_	ه	_

Übungen

Benennung der Buchstaben
Schreiben Sie die richtige Aussprache der Buchstaben in die leeren Kästchen!

				اء
Dschim	The	Dal	He	Elif
Ra	Sad	Te	Be	Kha
Dad	Zel	Schin	Ta	Ze
Mim	Ghayn	Lam	Za	Sin
Nun	Fe	Ayn	Ha	Qaf
	Ya	Lam-Elif	Kef	Waw

Erkennen Sie die Buchstaben?
Ergänzen Sie die fehlenden Punkte der Buchstaben!

ح	ب	ب	ب	اء
ر ر	د	د	ح	ح
ص ص	ص ص	س س	س س	ر ر
ف	ع	ع	ط	ط
ں	م	ل	ك ك	ق
	ى	لا	ه	و

Übungen

Die Schreibweise der Buchstaben
Die richtige Schreibweise am Wortanfang, in der Wortmitte und am Wortende.

Im arabischen Alphabet unterscheidet sich die Schreibweise der einzelnen Buchstaben, je nachdem ob sie am Anfang, in der Mitte oder am Ende eines Wortes stehen.
Damit wir fließend Quranlesen lernen können, müssen wir uns mit diesem Thema besonders intensiv auseinandersetzen.

Ende	Mitte	Anfang	Ende	Mitte	Anfang	Ende	Mitte	Anfang	Ende	Mitte	Anfang
ث			ت			ب			ا		
ش	ـشـ	شـ	ت	ـتـ	تـ	ب	ـبـ	بـ	ا	ـا	ا
د			خ			ح			ج		
ـد	ـد	د	خ	ـخـ	خـ	ح	ـحـ	حـ	ج	ـجـ	جـ
س			ز			ر			ذ		
ـس	ـسـ	سـ	ـز	ـز	ز	ـر	ـر	ر	ـذ	ـذ	ذ
ط			ض			ص			ش		
ـط	ـطـ	ط	ـض	ـضـ	ضـ	ـص	ـصـ	صـ	ـش	ـشـ	شـ
م			ل			ك			ق		
ـم	ـمـ	مـ	ـل	ـلـ	لـ	ـك	ـكـ	كـ	ـق	ـقـ	قـ
لا			ه			و			ن		
لا	لا	لا	ـه	ـهـ	هـ	ـو	ـو	و	ـن	ـنـ	نـ
ف			غ			ع			ظ		
ـف	ـفـ	فـ	ـغ	ـغـ	غـ	ـع	ـعـ	عـ	ـظ	ـظـ	ظـ

	ى		
ى	ـيـ	يـ	

Erkennen Sie die Schreibweise der Buchstaben?
Lesen Sie die nachfolgenden Beispiele!

وتةخ	ذرل	س ص ش	ا ج ح	ب ب ب
ب ي و	غ ف ذ	م ه ع	ف ذ ي	ج ح ط
ت ق ث	ا خ ف	ه م ه	غ ع ع	ج ح خ
ك ه ث	لا ي لا	ف ق م	ذ ز ط	ر س ض
س ض ع	خ ح ز	ث ج ح	ا ب ت	م و ي
ل ك ه	ل ك ق	ف س م ه	ش ا ل	ق خ م

Anmerkung:
Die nachstehenden Buchstaben werden nicht mit denjenigen Buchstaben verbunden, die ihnen nachfolgen.

لا	و	ز ر	ذ	د	ا

Erkennen Sie die Schreibweise der Buchstaben?

Die folgenden Buchstaben sind manchmal in ihrer Schreibweise des Wortanfangs, manchmal in der Schreibweise der Wortmitte und manchmal in der Schreibweise des Wortendes aufgeführt.

Schreiben Sie die entsprechende Grundform unter die einzelnen Buchstaben!

م	ك	بـ	نـ	جـ	ا	ه	ب
						ه	ب

ض	سـ	صـ	ق	فـ	ن	يـ	تـ

ط	غـ	غـ	شـ	ز	ر	ف	ع

ـد	ـخ	ـح	ع	ثـ	ت	ذ	جـ

ا	ك	و	ظـ	مـ	فـ	خـ	حـ

ظ	ذ	ـع	ـع	شـ	س	صـ	ص

ك	ة	ز	ذ	ا	ئـ	م	ع

ر	بـ	غـ	ة	خـ	جـ	فـ	نـ

Erkennen Sie die Schreibweise der Buchstaben?

Trennen Sie die Worte in ihre einzelnen Buchstaben und schreiben Sie deren Grundform in die Kästchen darunter!

			جمع				لمع				ابد
								د	ب	ا	

			يدى				فزغ				يتم

			يقظ				شفع				سفه

			زيت				قصص				صحل

			منع				ذهب				ندم

			ملأ				بدل				عمل

			عهد				بث				ضحك

			غفر				سبب				وضع

Übungen

Die Aussprache der Buchstaben mit Vokalzeichen

Vokalzeichen im Arabischen erfüllen denselben Zweck wie Selbstlaute im Deutschen. Man unterscheidet zwischen drei verschiedenen Vokalzeichen:

1. Vokalzeichen [e] (َ): Einen kurzen, schrägen Strich oberhalb eines Buchstabens (ähnlich geschrieben wie ein „*accent aigu*" im Französischen) nennt man Vokalzeichen [e]. Helle Buchstaben werden dabei mit einem kurzen [e], dunkle Buchstaben mit einem kurzen [a] vokalisiert.

دَ	خَ	حَ	جَ	ثَ	تَ	بَ	اَ
طَ	ضَ	صَ	شَ	سَ	زَ	رَ	ذَ
مَ	لَ	كَ	قَ	فَ	غَ	عَ	ظَ
				ىَ	هَ	وَ	نَ

2. Vokalzeichen [i] (ِ): Einen kurzen, schrägen Strich unterhalb eines Buchstabens nennt man Vokalzeichen [i]. Dieser Buchstabe wird dann mit einem kurzen [i] vokalisiert.

دِ	خِ	حِ	جِ	ثِ	تِ	بِ	اِ
طِ	ضِ	صِ	شِ	سِ	زِ	رِ	ذِ
مِ	لِ	كِ	قِ	فِ	غِ	عِ	ظِ
				ىِ	هِ	وِ	نِ

3. Vokalzeichen [u] (ُ): Dieses Vokalzeichen sieht aus, wie ein kleines Waw und steht über seinem Buchstaben. Wenn ein Buchstabe dieses Vokalzeichen trägt, wird er mit einem kurzen [u] vokalisiert.

دُ	خُ	حُ	جُ	ثُ	تُ	بُ	اُ
طُ	ضُ	صُ	شُ	سُ	زُ	رُ	ذُ
مُ	لُ	كُ	قُ	فُ	غُ	عُ	ظُ
				ىُ	هُ	وُ	نُ

Die Vokalzeichen

Erkennen Sie die Vokalzeichen?

Lesen Sie die nachstehenden Buchstaben in Verbindung mit dem jeweiligen Vokalzeichen!

جَ جِ جُ	ثَ ثِ ثُ	تَ تِ تُ	بَ بِ بُ	اَ اِ اُ
رَ رُ رِ	ذَ ذُ ذِ	دَ دُ دِ	خَ خُ خِ	حَ حُ حِ
ضُ ضَ ضِ	صُ صَ صِ	شُ شَ شِ	سُ سَ سِ	زُ زَ زِ
فُ فِ فَ	غُ غِ غَ	عُ عِ عَ	ظُ ظِ ظَ	طُ طِ طَ
نُ نَ نِ	مُ مَ مِ	لُ لَ لِ	كُ كِ كَ	قِ قَ قُ
		يُ يِ يَ	هَ هِ هُ	وَ وِ وُ

Übungen

22

Erkennen Sie die Vokalzeichen?

Setzen Sie die Vokalzeichen bei den nachstehenden arabischen Buchstaben gemäß der deutschen Aussprache.

DSCHE	DSCHI	THI	THE	TI	TU	BI	BE	I	U
ج	ج	ث	ث	ت	ت	ب	بَ	اِ	اُ

RU	RA	DHI	DHU	DU	DE	KHU	KHI	HU	HA
ر	ر	ذ	ذ	د	د	خ	خ	ح	ح

DU	DE	SA	SI	SCHU	SCHI	SU	SI	ZU	ZE
ض	ض	ص	ص	ش	ش	س	س	ز	ز

FE	FI	GHU	GHA	I	A	ZI	ZA	TI	TA
ف	ف	غ	غ	ع	ع	ظ	ظ	ط	ط

NI	NU	MI	MU	LE	LI	KU	KE	QI	QU
ن	ن	م	م	ل	ل	ك	ك	ق	ق

				YI	YE	HU	HE	WI	WE
				ى	ى	ه	ه	و	و

Übungen

Die Aussprache des Vokalzeichens [e] (َ) beim Verbinden der Buchstaben

Das Vokalzeichen [e] vokalisiert einen hellen Buchstaben mit einem kurzen [e], einen dunklen Buchstaben mit einem kurzen [a].

كَ	رَ	دَ	نَ	زَ	وَ	بَ	دَ	اَ
	دَرَكَ			وَزَنَ			اَدَبَ **edebe**	

نَ	مَ	زَ	لَ	اَ	كَ	دَ	لَ	وَ
	زَمَنَ			اَكَلَ			وَلَدَ	

مَ	لَ	قَ	بَ	تَ	كَ	تَ	بَ	ثَ
	قَلَمَ			كَتَبَ			ثَبَتَ	

عَ	جَ	شَ	كَ	حَ	ضَ	قَ	دَ	صَ
	شَجَعَ			ضَحَكَ			صَدَقَ	

مَ	هَ	فَ	كَ	مَ	سَ	فَ	ظَ	نَ
	فَهَمَ			سَمَكَ			نَظَفَ	

Anmerkung:
Versuchen Sie die Wörter in einem Zug zu lesen, ohne sie dabei in ihre einzelnen Silben zu zertrennen!

Leseübungen mit dem Vokalzeichen [e] (َ)

Lesen Sie die nachstehenden Wörter unter Beachtung des Vokalzeichens [e], ohne sie dabei in ihre einzelnen Silben zu zertrennen!

دَرَجَ	سَعَدَ	لَمَسَ	نَزَلَ	اَذَنَ
رَزَقَ	بَكَرَ	اَدَبَ	قَرَأَ	خَلَقَ
دَخَلَ	يَمَنَ	ضَرَبَ	اَلَمَ	قَتَلَ
بَلَدَ	ظَلَمَ	صَبَرَ	سَفَرَ	غَفَرَ
نَهَرَ	هَجَرَ	عَهَدَ	عَنَدَ	شَغَلَ
نَقَضَ	نَفَلَ	جَدَلَ	طَمَعَ	لَمَعَ
سَمَتَ	رَسَخَ	ذَكَرَ	وَتَرَ	وَثَقَ
شَكَرَ	مَسَحَ	شَفَعَ	فَرَجَ	طَلَبَ

Aussprache des Vokalzeichens [i] (ـِ) beim Verbinden der Buchstaben

Das Vokalzeichen [i] vokalisiert die Buchstaben mit einem kurzen [i].

بِ	سِ	حَ	لَ	كِ	وَ	نْ	مِ	اَ
حَسِبْ			وَكِلَ			اَمِنْ emine		

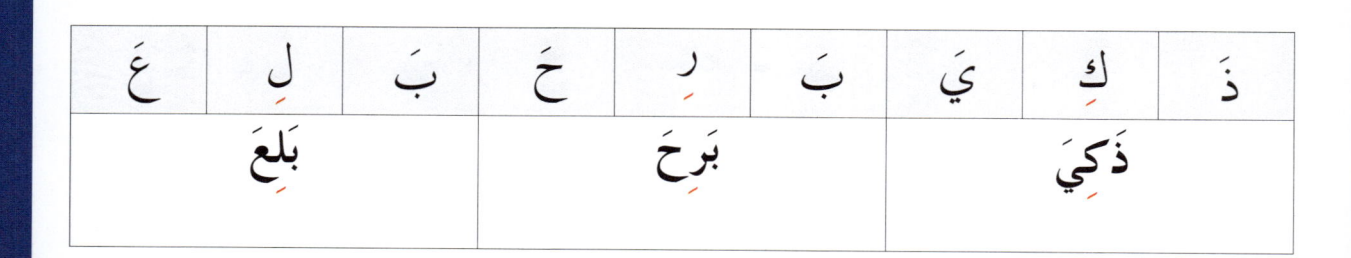

عَ	لِ	بَ	رَ	حَ	بِ	يَ	كِ	ذَ
بَلِعَ			بَرِحَ			ذَكِيَ		

مَ	عَ	نْ	رَ	بَ	كِ	سَ	يَ	مِ
نِعَمَ			كِبَرَ			مِيَسَ		

فِ	لَ	تْ	مِ	هَ	فِ	دَ	صَ
تَلِفْ			فَهِمْ			صَدِقْ	

هِ	قِ	نَ	رَ	يَ	خِ	دَ	مِ	حَ
نَقِهَ			خِيَرَ			حَمِدَ		

Leseübungen mit dem Vokalzeichen [i]

Lesen Sie die nachstehenden Wörter unter Beachtung ihrer Vokalzeichen, ohne sie dabei in ihre einzelnen Silben zu zertrennen!

صَبِح	مَرِض	خَسِرَ	قَبِلَ	شَرِبَ
مَرِدَ	اَزِفَ	وَجِلَ	رَبِحَ	لَعِبَ
سَلِمَ	ثَلِبَ	بَخِلَ	بَشِرَ	تَبِعَ
قَبِلٍ	مَلِكٍ	عَدَسٍ	بَطِرٍ	خَلِقٍ
وَهَبِ	طَعِمِ	شَفِعٍ	فِطَنٍ	حَرِقَ
عَمِلَ	هَدِمَ	شَهِدَ	نَسِىَ	يَدِىَ
ظَهِرَ	ظَفِرَ	عَسِرَ	فَعِلَ	فَهِىَ
كَفِلَ	هَدِىَ	خَدِمَ	فَسَدِ	سِيَرِ

Aussprache des Vokalzeichens [u] (ُ) beim Verbinden der Buchstaben

Das Vokalzeichen [u] vokalisiert die Buchstaben mit einem kurzen [u].

دَ	سُ	حَ	لَ	بُ	قَ	نَ	سُ	حَ
حَسُدَ			قَبُلَ			حَسُنَ hasune		

حَ	لُ	صَ	لَ	عُ	فَ	فَ	عُ	ضَ
صَلُحَ			فَعُلَ			ضَعُفَ		

دَ	جِ	وُ	ظَ	فِ	حُ	رَ	جِ	اُ
وُجِدَ			حُفِظَ			اُجِرَ		

رَ	صِ	نُ	ىَ	زِ	غُ	بَ	رِ	ضُ
نُصِرَ			غُزِىَ			ضُرِبَ		

قَ	لِ	خُ	لَ	بُ	قُ	وَ	ضُ	عِ
خُلِقَ			قُبُلَ			عِوَضُ		

Die Aussprache des Vokalzeichens [u] (ُ)

Leseübungen mit dem Vokalzeichen [u] (ُ)

Lesen Sie die nachstehenden Wörter unter Beachtung ihrer Vokalzeichen, ohne sie dabei in ihre einzelnen Silben zu zertrennen!

صُلِبَ	رُفِعَ	عُلِمَ	رُكِبَ	فُتِحَ
زُهِلَ	جُمِعَ	تُبِعَ	بُرِدَ	شُهِدَ
سُرِقَ	ثُلِثَ	سُرِحَ	دُفِعَ	خُسِرَ
قُبِلَ	مُلْكَ	قُدُسَ	سُرُجَ	دُمْتَ
وَهَبُ	يَلِدُ	سَنَدُ	وَقَرُ	يَرِثُ
قُنْتُ	كُتُبُ	رُسُلُ	سُرُرُ	سُبُلُ
كَفُلَ	طَهُرَ	غَبُرَ	عَبُدَ	فَعُلَ
خُوِفَ	بُعِدَ	كُسِبَ	سُئِلَ	غُسِلَ

Wir machen uns mit dem Dschezm (ْ) vertraut

Dschezm (ْ): Verbindung zweier aufeinanderfolgender Buchstaben miteinander, wobei der letztere der beiden ohne Vokal gelesen wird.

اَجْ اِجْ اُجْ	اَثْ اِثْ اُثْ	اَتْ اِتْ اُتْ	اَبْ اِبْ اُبْ eb ib ub	بِسْمِ اللهِ الرَّحْمٰنِ الرَّحِيْمِ
اَرْ اِرْ اُرْ	اَذْ اِذْ اُذْ	اَدْ اِدْ اُدْ	اَخْ اِخْ اُخْ	اَحْ اِحْ اُحْ
اَضْ اِضْ اُضْ	اَصْ اِصْ اُصْ	اَشْ اِشْ اُشْ	اَسْ اِسْ اُسْ	اَزْ اِزْ اُزْ
اَفْ اِفْ اُفْ	اَغْ اِغْ اُغْ	اَعْ اِعْ اُعْ	اَظْ اِظْ اُظْ	اَطْ اِطْ اُطْ
اَنْ اِنْ اُنْ	اَمْ اِمْ اُمْ	اَلْ اِلْ اُلْ	اَكْ اِكْ اُكْ	اَقْ اِقْ اُقْ
		اَيْ اِيْ اُيْ	اَهْ اِهْ اُهْ	اَوْ اِوْ اُوْ

Leseübungen mit dem Dschezm (ْ)

Lesen Sie die nachstehenden Wörter unter Beachtung ihrer Vokalzeichen, ohne sie dabei in ihre einzelnen Silben zu zertrennen!

اِذَنْ	قُلْ	كَىْ	لَنْ	اَنْ
بَعْدَ	قَبْلَ	نَحْنُ	اَنْتَ	مِثْلِ
عَلَيْهِمْ	لَكُمْ	اَنْتُمْ	مِنْهُمْ	لَهُمْ
اَحْسَنُ	اَرْحَمُ	اَنْصَرُ	اَشْهَدُ	يَفْرَقُ
مَثْلُهُمْ	اِعْلَمُ	يَحْكُمُ	مَصْدَرُ	يَصْدِقُ
شِئْتُمْ	نَغْفِرْ	تُنْبِتُ	عَلَيْكُمْ	بَيْنَكُمْ
اَنْبِئْهُمْ	فَاَخْرَجَهُمْ	اَنْفُسَكُمْ	اَنْعَمْتُ	قُلْتُمْ
سَمْعِهِمْ	اِنْكُنْتُمْ	يَنْقُضْ	لِتُنْذِرَ	وَنَمْنَعْكُمْ

Wir machen uns mit dem Scheddeh (ّ) vertraut

Das Scheddeh (ّ) dient der Verdopplung eines Buchstabens.

اَجَّ اِجَّ اُجَّ	اَثَّ اِثَّ اُثَّ	اَتَّ اِتَّ اُتَّ	اَبَّ اِبَّ اُبَّ **ubbe ibbe ebbe**	بِسْمِ اللهِ الرَّحْمٰنِ الرَّحِيْمِ
اَحَّ اَحَّ اُحَّ / اَرَّ اَرَّ اُرَّ	اَذَّ اَذَّ اِذَّ	اَدَّ اَدَّ اُدَّ	اَخَّ اَخَّ اُخَّ	اَحَّ اَحَّ اُحَّ
اُزَّ اَزَّ اِزَّ	اُسَّ اَسَّ اِسَّ / اَضَّ اَضَّ اِضَّ	اُصَّ اَصَّ اِصَّ	اُشَّ اَشَّ اِشَّ	اُسَّ اَسَّ اِسَّ
اَطَّ اِطَّ اُطَّ / اَفَّ اِفَّ اُفَّ	اَظَّ اِظَّ اُظَّ	اَعَّ اِعَّ اُعَّ	اَغَّ اِغَّ اُغَّ	
اِقَّ اَقَّ اُقَّ	اِكَّ اَكَّ اُكَّ	اِلَّ اَلَّ اُلَّ	اِمَّ اَمَّ اُمَّ	اِنَّ اَنَّ اُنَّ
		اَوَّ اِوَّ اُوَّ	اَهَّ اِهَّ اُهَّ	اَىَّ اِىَّ اُىَّ

Leseübungen zum Scheddeh (ش)

Lesen Sie die nachstehenden Wörter unter Beachtung ihrer Vokalzeichen, ohne sie dabei in ihre einzelnen Silben zu zertrennen!

اَيُّ	رَدَّ	حَقَّ	مَدَّ	رَبِّ
اَزَّرَ	حَبَّبَ	فَرَّحَ	سَرَّحَ	صَدَّقَ
اُسِرَّ	اَمَدَّ	اَقَلَّ	اِحْمَرَّ	مَوَدَّ
جَهَنَّمُ	هَوَّلَ	كَرَّمَ	زَيَّنَ	جَنَّةُ
ضَرَّبَ	حَرِّمْ	سَبِّحْ	وَطَهِّرْ	بَشِّرْ
يُدَبِّرْ	يُعَظِّمْ	يُفَضِّلُ	يُكَذِّبُ	يَتَأَخَّرُ
ثُمَّ	كُلَّهُمْ	اِنَّ رَبَّكَ	مِمَّ خُلِقَ	تَتَبَيَّنُ
تَفَكَّرْ	تَبَسَّمْ	سَيِّئَةُ	اُحِلَّ	طَيَّرَ

Gemischte Leseübungen

Lesen Sie die nachstehenden Wörter unter Beachtung ihrer Vokalzeichen, ohne sie dabei in ihre einzelnen Silben zu zertrennen!

فَاخْرَجَهُمْ	طَهُرَ	يُفَضِّلُ	قُنْتُ	شَهِدَ
كُتُبُ	اَنْعَمْتُ	اِنَّ رَبَّكَ	كَفُلَ	عَسِرَ
يُعَظِّمْ	لِتُنْذِرَ	سَيِّئَةٌ	خُوفٌ	خَدِمَ
بَعُدَ	يُكَذِّبُ	ذَكَرَ	مِمَّ خُلِقَ	نَسِيَ
رَسَخَ	يَنْقُضُ	أَحَلَّ	اِنْكُنْتُمْ	فَعِلَ
سَمَتَ	كُلَّهُمْ	وَتَرَ	تَبَسُّمْ	فَسَدَ
اَنْفُسَكُمْ	وَتَنْسَوْنَ	بِعَهْدِكُمْ	فَمَنْ تَبِعَ	اَلَمْ تَعْلَمْ
بِحَمْدِ رَبِّكَ	فَسَبِّحْ	كَيْدَهُمْ	اَطْعَمَهُمْ	نَعْبُدُ

Übungen

Wir lernen die Dehnungsvokale (Huruful Medd)

Es gibt drei Dehnungsvokale: Waw (و), Ya (ى), Elif (ا). Um den Zweck eines Dehnungsvokals zu erfüllen, dürfen diese Buchstaben selbst kein Vokalzeichen tragen und der Buchstabe vor dem Waw muss das Vokalzeichen [u], der vor dem Ya das Vokalzeichen [i] und der vor dem Elif das Vokalzeichen [a] tragen. Ihre Aufgabe ist es, den vorangegangen Buchstaben beim Lesen zu dehnen.

1. Elif (ا): Wenn ein Elif selbst kein Vokalzeichen trägt und der ihm vorangehende Buchstabe ein Vokalzeichen [e] trägt, dehnt es diesen Buchstaben um eine Elif-Länge. Dabei werden dunkle Buchstaben mit einem langen [a], helle Buchstaben mit einem langen Laut zwischen [e] und [a] vokalisiert.

جَا	ثَا	تَا	بَا	اَ
رَا	ذَا	دَا	خَا	حَا
ضَا	صَا	شَا	سَا	زَا
فَا	غَا	عَا	ظَا	طَا
نَا	مَا	لَا	كَا	قَا
		يَا	هَا	وَا

2. Ya (ى): Wenn ein Ya selbst kein Vokalzeichen trägt und der ihm vorangehende Buchstabe ein Vokalzeichen [i] trägt, dehnt es diesen Buchstaben um eine Elif-Länge und dieser wird dann mit einem langen [i] gesprochen.

جِى	ثِى	تِى	بِى	اِى
رِى	ذِى	دِى	خِى	حِى
ضِى	صِى	شِى	سِى	زِى
فِى	غِى	عِى	ظِى	طِى
نِى	مِى	لِى	كِى	قِى
		يِى	هِى	وِى

Wir lernen die Dehnungsvokale (Huruful Medd)

3. Waw (و): Wenn ein Waw selbst kein Vokalzeichen trägt und der ihm vorangehende Buchstabe ein Vokalzeichen [u] trägt, dehnt es diesen Buchstaben um eine Elif-Länge und dieser wird dann mit einem langen [u] gesprochen.

جُو	ثُو	تُو	بُو	اُو
رُو	ذُو	دُو	خُو	حُو
ضُو	صُو	شُو	سُو	زُو
فُو	غُو	عُو	ظُو	طُو
نُو	مُو	لُو	كُو	قُو
		يُو	هُو	وُو

Leseübungen zum Dehnungsvokal Elif (ا)

Der Dehnungsvokal Elif (ا) vokalisiert vorangehende dunkle Buchstaben mit einem langen [a], vorangehende helle Buchstaben mit einem langen Laut zwischen [e] und [a] vokalisiert.

نَا	مَا	هَا	اِذَا	لَا
دَاعَ	دَامَ	كَالَ	قَالَ	اَذَا
غَارَ	حَارَ	صَارَ	ضَاقَ	بَاعَ
مَالِكِ	صَاحِبُ	عَالَمُ	فَاتِحُ	شَاعِرُ
اَمَانَاتُ	اَرَادَا	بَابَا	مَازَالَ	مَادَامَ
غَفَّارُ	جَبَّارُ	سَتَّارُ	وَهَّابُ	تَوَّابُ
قُرْبَا	مُتَعَالُ	تَوَكَّلْنَا	حَسْبُنَا	سُبْحَانَكَ
تَمَامْ	جَوَانِبُ	مَفَاعِلُ	اِهْدِنَا	اِيَّاكَ نَعْبُدُ

Leseübungen zum Dehnungsvokal Ya (ى)

Der Dehnungsvokal Ya vokalisiert den vorangehenden Buchstaben mit einem langen [i].

رَبِّى	بِى	نِى	مِى	فِى
بَنِى	قَلْبِى	يَدِى	فَمِى	لَقِى
وَكِيلُ	قَدِيرُ	دِينِى	رِيحَ	قِيلَ
بَصِيرُ	رَحِيمُ	سَمِيعُ	خَبِيرُ	عَلِيمُ
تَأْوِيلُ	مُمِيتُ	أُجِيبُ	تُرِيدُ	يُمِيتُ
كَافِرِينَ	دَائِمِينَ	صَالِحِينَ	فَاعِلِينَ	صَادِقِينَ
وَمَايُدْرِيكَ	مُصْلِحِينَ	بَنِى اِسْرَائِيلَ	لِلَّذِينَ	وَاِذَا قِيلَ لَهُمْ
سَلْسَبِيلَ	فَكُلِى	مُسَبِّبِينَ	فَائِزِينَ	لِلْمُتَّقِينَ

Leseübungen zum Dehnungsvokal Waw (و)

Der Dehnungsvokal Waw vokalisiert den vorangehenden Buchstaben mit einem langen [u].

سُورْ	طُورْ	قُو	فُو	ذُو
يَتُوبُ	يَصُومُ	اَعُوذُ	كَانُو	قَالُو
قُدُورِ	قُلُوبُ	تَعُودُ	تَكُونُ	يَقُولُ
لَايَعْقِلُونَ	يَفْرَحُونَ	يَعْمَلُونَ	تَسُوقُونَ	يَعُودُونَ
مَظَالِمُونَ	مُسْلِمُونَ	مُؤْمِنُونَ	صَادِقُونَ	خَاسِرُونَ
صَالِحُونَ	خَالِقُونَ	دَائِمُونَ	خَالِصُونَ	دَاخِلُونَ
فِيهَا صُدُورِهِمْ	كَاتِبُونَ	قُلُوبِكُمْ	ظُهُورِكُمْ	مِنْ دُونِهِمْ
تَمَامُونَ	يَرِثُونَ	يَمِينُونَ	يَسِيرُونَ	يُحِيطُونَ

Gemischte Übungen

Lesen Sie die nachstehenden Wörter unter Beachtung ihrer Vokalzeichen, ohne sie dabei in ihre einzelnen Silben zu zertrennen!

وَقُودُهَا	بَصِيرٌ	قُلُوبِكُمْ	يُوقِنُونَ	حَسْبُنَا
مُلَازِمِينَ	تَأْوِيلُ	تَوَكَّلْنَا	سَلْسَبِيلَ	يُحِيطُونَ
صُدُورِهِمْ	فَكُلِي	مَفَاعِلُ	مُهْتَدِينَ	مُذَبْذَبِينَ
تَنْصُرِينَ	كَافِرِينَ	لَوْ كَانُو	سُبْحَانَكَ	ظُهُورِكُمْ
صَالِحُونَ	يَعْلَمُونَ	اَوْتَأْتِينَا	لَا يُؤْمِنُونَ	مِنْ دُونِهِمْ
مَظَالِمُونَ	يَعْمَهُونَ	تَجْرِى	وَمَا تَوْفِيقِى	مَوْدُودَاتٌ
فَمَا فَوْقَهَا	شَيَاطِينِهِمْ	يُخَادِعُونَ	وَمَا يُدْرِيكَ	وَمَا كَانُو
اَشْرَبِى	كُلَّمَا رُزِقُو	فِى طُغْيَانِهِمْ	تُفَادُوهُمْ	فِيهَا خَالِدُونَ

Wir machen uns mit dem Tenwin vertraut (ـً)

Es gibt drei verschiedene Arten des Tenwins:

1. Tenwin mit doppeltem Vokalzeichen [e] (ـً): So nennt man zwei kurze, übereinanderliegende, schräge Striche über dem letzten Buchstaben eines Wortes. Dieser Tenwin vokalisiert helle Buchstaben mit [en], dunkle Buchstaben mit [an].

2. Tenwin mit doppeltem Vokalzeichen [i] (ـٍ): So nennt man zwei kurze, übereinanderliegende, schräge Striche unter dem letzten Buchstaben eines Wortes. Dieser Tenwin vokalisiert seinen Buchstaben mit [in].

3. Tenwin mit doppeltem Vokalzeichen [u] (ـٌ): So nennt man das schleifenartige Zeichen über dem letzten Buchstaben eines Wortes. Dieser Tenwin vokalisiert seinen Buchstaben mit [un].

جٌ جٍ جًا	ثٌ ثٍ ثًا	تٌ تٍ تًا	بٌ بٍ بًا	اٌ اٍ اً
رٌ رٍ رًا	ذٌ ذٍ ذًا	دٌ دٍ دًا	خٌ خٍ خًا	حٌ حٍ حًا
ضٌ ضٍ ضًا	صٌ صٍ صًا	شٌ شٍ شًا	سٌ سٍ سًا	زٌ زٍ زًا
فٌ فٍ فًا	غٌ غٍ غًا	عٌ عٍ عًا	ظٌ ظٍ ظًا	طٌ طٍ طًا
نٌ نٍ نًا	مٌ مٍ مًا	لٌ لٍ لًا	كٌ كٍ كًا	قٌ قٍ قًا
		يٌ يٍ يًا	هٌ هٍ هًا	وٌ وٍ وًا

Der Unterschied zwischen dem Tenwin und den normalen Vokalzeichen

Vergleichen Sie die nachstehenden Wörter mit und ohne Tenwin!
Das Vokalzeichen [e] (َ):

يَمَنَ	ثَمَنَ	قَوْمَ	تَوْبَ	اَبَ	Lesart von Wörtern ohne Tenwin
yemene	themene	qawme	tewbe	ebe	
يَمَنًا	ثَمَنًا	قَوْمًا	تَوْبًا	اَبًا	Lesart von Wörtern mit Tenwin
yemenen	themenen	qawmen	tewben	eben	

Doppeltes Vokalzeichen [i] (ِ):

يَمَنِ	ثَمَنِ	قَوْمِ	تَوْبِ	اَبِ	Lesart von Wörtern ohne Tenwin
yemeni	themeni	qawmi	tewbi	ebi	
يَمَنٍ	ثَمَنٍ	قَوْمٍ	تَوْبٍ	اَبٍ	Lesart von Wörtern mit Tenwin
yemenin	themenin	qawmin	tewbin	ebin	

Doppeltes Vokalzeichen [u] (ُ):

يَمَنُ	ثَمَنُ	قَوْمُ	تَوْبُ	اَبُ	Lesart von Wörtern ohne Tenwin
yemenu	themenu	qawmu	tewbu	ebu	
يَمَنٌ	ثَمَنٌ	قَوْمٌ	تَوْبٌ	اَبٌ	Lesart von Wörtern mit Tenwin
yemenun	themenun	qawmun	tewbun	ebun	

Leseübungen zum doppelten Vokalzeichen [e] (◌ً)

Doppeltes Vokalzeichen [e] (◌ً): Trägt ein heller Buchstabe diesen Tenwin, so vokalisiert man ihn mit einem [en], trägt ein dunkler Buchstabe diesen Tenwin, so vokalisiert man ihn mit einem [an].

Lesen Sie die untenstehenden Wörter unter Beachtung ihrer Vokalzeichen, ohne sie dabei in ihre einzelnen Silben zu zertrennen!

قَلَمًا	اَنَسًا	قُرُشًا	كُتُبًا	اَدَبًا
دَارًا	بَابًا	صَمَدًا	كُفُوًا	اَحَدًا
جَنَّةً	قُرُونًا	بَحْرًا	جَمَلًا	قَدَرًا
اَبَابِيلًا	مَنَاظِيرًا	قَوَانِينًا	فَوَاعِيلًا	مَلَابِيثًا
اَسَاسًا	اَمَانَةً	اَنْصَارًا	اَقْوَالًا	اَفْوَاجًا
قَوِيًّا	مَنَاكِبِيًّا	ثَلَّاجِيًّا	مَدَّاحًا	اَمَانِيًّا
غَفُورًا	رَحِيمًا	خَيْرًا	حَسَنَةً	خَلِيفَةً
تَمَامًا	اَكْثَرًا	مُتَفَكِّرًا	ذُرِّيَّةً	اَوَّلًا

43

Leseübungen zum doppelten Vokalzeichen [i] (ٍ)

Doppeltes Vokalzeichen [i] (ٍ): Wenn ein Buchstabe diesen Tenwin trägt, wird er mit [in] vokalisiert.

Lesen Sie die nachstehenden Wörter unter Beachtung ihrer Vokalzeichen, ohne sie dabei in ihre einzelnen Silben zu zertrennen!

اَمَتٍ	اَثَرٍ	بَدَلٍ	اَبَدٍ	اَجَلٍ
قَرَرٍ	اَسَدٍ	قَبُولٍ	مِثَالٍ	رُوحٍ
مَلَكٍ	كَرَمٍ	صَلَحٍ	سُوَرٍ	نُورٍ
بَشِيرٍ	نَذِيرٍ	حَكِيمٍ	مُنَجِّهٍ	شَدِيدٍ
مَرْمِيٍّ	حُرُمَاتٍ	بُيُوتٍ	قَمِيصٍ	حَمَّادٍ
تَمَامٍ	طَيِّبَاتٍ	جَنَّاتٍ	ظُلُمَاتٍ	مُنْتَقِمٍ
مُجَوْهَرَاتٍ	كَاتِبَاتٍ	ثِيِّبَاتٍ	شُجَّاعِىٍّ	سُنْدُسٍ
صَالِحَاتٍ	مُسْتَقِمٍ	مُهَيْمِنٍ	مُهَنْدِسٍ	لَازِمِيَّاتٍ

Leseübungen zum doppelten Vokalzeichen [u] (ٌ)

Doppeltes Vokalzeichen [u] (ٌ): Wenn ein Buchstaben diesen Tenwin trägt, so wird er mit [un] vokalisiert.

Lesen Sie die nachstehenden Wörter unter Beachtung ihrer Vokalzeichen, ohne sie dabei in ihre einzelnen Silben zu zertrennen!

شَيْءٌ	حَقٌّ	فَمٌ	اَخٌ	اَبٌ
ذَكِىٌّ	يَوْمٌ	زَفِيرٌ	خَبِيرٌ	نَفْسٌ
مُنِيرٌ	شَقِىٌّ	بَصِيرٌ	قِيمَةٌ	شَهِيقٌ
رُسُلٌ	مُرِيدٌ	جَمَالَةٌ	سَعِيدٌ	بَيِّنَةٌ
سَائِقٌ	كِتَابٌ	مَجْمُوعَةٌ	مَرْقُومٌ	وِلْدَانٌ
طَائِفَةٌ	حَمْرَاءٌ	ظُلُمَاتٌ	مُجْتَهِدٌ	صَلَوَاتٌ
اَشْجَارٌ	مُطْمَئِنَّةٌ	فَاكِهَةٌ	مِصْبَاحٌ	سُيِّرَاتٌ
فَهُوَنَادِمٌ	لَمُحِيطَةٌ	زَجْرَةٌ وَاحِدَةٌ	مُشْتَبِهَاتٌ	اَنْهَارٌ

45

Aussprache des Wortendes

Die Art und Weise wie man das Ende eines Wortes ausspricht, hängt davon ab, welches Vokalzeichen dieses trägt. Sollte einem beim Lesen die Luft ausgehen, man am Satz- (Ayet-)ende angelangt sein oder aus anderen Gründen innehalten müssen, gibt es drei Möglichkeiten, das Wortende zu lesen:

1. Wenn es sich beim Vokalzeichen des letzten Buchstabens eines Wortes, um ein Vokalzeichen [e], [i] oder [u] oder um ein doppeltes Vokalzeichen [i] oder [u] handelt, wird dieses beim Stehenbleiben durch einen Dschezm ersetzt und der Buchstabe stumm gelesen.

مُسْلِمَ	مَسْكَنٌ	نَسْتَعِينُ	دِينٍ	يَعْلَمُونَ	**Beim Weiterlesen**
مُسْلِمْ	مَسْكَنْ	نَسْتَعِينْ	دِينْ	يَعْلَمُونْ	**Beim Stehenbleiben**
سَلِمٍ	مَجِدٍ	فَاتِحٌ	صَالِحٌ	لَطِيفٌ	**Beim Weiterlesen**
سَلِمْ	مَجِدْ	فَاتِحْ	صَالِحْ	لَطِيفْ	**Beim Stehenbleiben**

2. Wenn es sich beim letzten Buchstaben des Wortes, um ein rundes „Te" handelt, wird dieses ohne Beachtung seines Vokalzeichens beim Stehenbleiben durch ein „He" mit Dschezm ersetzt und wie ein stummes „He" gelesen.

مُسْلِمَةٍ	ذُرِّيَّةً	شَهَادَةً	أيَةٍ	جَنَّةٌ	**Beim Weiterlesen**
مُسْلِمَهْ	ذُرِّيَّهْ	شَهَادَهْ	أيَهْ	جَنَّهْ	**Beim Stehenbleiben**
قِيمَةً	حَسَنَةً	مَلَائِكَةٍ	حَاجَةٍ	سَادَةٌ	**Beim Weiterlesen**
قِيمَهْ	حَسَنَهْ	مَلَائِكَهْ	حَاجَهْ	سَادَهْ	**Beim Stehenbleiben**

3. Wenn es sich beim Vokalzeichen des letzten Buchstabens eines Wortes, um ein doppeltes Vokalzeichen [e] handelt, dehnen wir diesen Buchstaben beim Stehenbleiben um eine Elif-Länge.

أَصْلاً	صِرَاطًا	كَبِيرًا	دُعَاءً	بَابًا	**Beim Weiterlesen**
أَصْلاَ	صِرَاطَا	كَبِيرَا	دُعَا	بَابَا	**Beim Stehenbleiben**
سَبِيلاً	بَاقِيًا	عَلِيمًا	كَثِيرًا	زَيْتُونًا	**Beim Weiterlesen**
سَبِيلاَ	بَاقِيَا	عَلِيمَا	كَثِيرَا	زَيْتُونَا	**Beim Stehenbleiben**

Gemischte Übungen

Lesen Sie die nachstehenden Wörter unter Beachtung ihrer Vokalzeichen, ohne diese dabei in ihre einzelnen Silben zu zertrennen!

خَلِيفَةً	كَثِيرَةٍ	لَابَارِدٍ	أَسَاسًا	أَنْصَارًا
مُنَجَّةٍ	صَالِحَاتٌ	أَنْهَارٌ	ظُلُمَاتٍ	وَأَعْنَابًا
حَسَنَةً	وَلَاكَرِيمٍ	مَنَاكِبِيًّا	حَمْرَاءُ	مَمْدُودٍ
ثَلَّاجِيٍّ	وَجَنَّةِنَعِيمٍ	وَفَاكِهَةٍ	مُتَفَكِّرًا	وَكُنَّاتُرَابًا
لَمُحِيطَةٌ	وَلَحْمِ طَيْرٍ	فَهُوَنَادِمٌ	مُطْمَئِنَّةٌ	مُشْتَبِهَاتٌ
وَكَأْسًادِهَاقًا	مُجَوْهَرَاتٍ	شُجَّاعِيٍّ	وَعِظَامًا	عَذَابًا قَرِيبًا
زَجْرَةٌ وَاحِدَةٌ	عَطَاءًحِسَابًا	مَجْمُوعَةٌ	وَحَمِيمٍ	فِي سَمُومٍ
مُطَاعٍ ثَمَّ أَمِينٍ	وَطَلْحٍ مَنْضُودٍ	فَسَلَامٌ لَكَ	كِتَابٌ مَرْقُومٌ	فَنُزُلٌ مِنْ حَمِيمٍ

Wir machen uns mit dem Dehnungszeichen vertraut (١)

Das Dehnungszeichen kann sowohl über als auch unter einem Buchstaben stehen. Sein Zweck ist es, diejenigen Buchstaben zu dehnen, die mit ihm versehen sind.

1. Das Dehnungszeichen (١) über einem Buchstaben dehnt helle Buchstaben mit einem langen Laut zwischen [e] und [a], dunkle Buchstaben mit einem langen [a], egal ob dieser zustätzlich mit einem Dehnungsvokal versehen ist oder nicht.
2. Das Dehnungszeichen (١) unter einem Buchstaben, dehnt seinen Buchstaben, mit einem langen [i].

Das Dehnungszeichen (١)

اَيَةٌ	فِيهِ	اِلٰهٌ	اٰدَمَ	اَللّٰهُ
ذٰلِكَ	اٰخُذُ	قُرْاٰنٌ	اٰيَاتٌ	اٰخِرَةٌ
وَاٰتُوْ	اٰمَنَ	خَبِيرٌ	رَحْمٰنٌ	كَذٰلِكَ
اٰتَانِى	هٰذَا	اٰمِينَ	اٰسِفُ	اِبْرٰهِيمُ
مَتِينٌ	اٰمَنْتُ	اٰذَانِهِمْ	اٰنَسْتُ	سُلَيْمٰنُ
نِعْمَتِى	سَبِيلٌ	اِسْحٰقُ	اٰتِيكُمْ	وَرُسُلِهِ
اِسْمٰعِيلُ	تَقْتُلَنِى	وَكُتُبِهِ	غَلِيظٌ	اٰذَيْتُمُونَا
فَيُصِيبُ	سَمٰوَاتٌ	بِسِيمٰهُمْ	سَنَا بَرْقِهِ	مَوْجٌ مِنْ فَوْقِهِ

Wir machen uns mit dem Elif, in Form von „Waw" (و) und „Ya" (ى) bekannt

In manchen Fällen wird das Elif durch ein „Waw" (و) oder „Ya" (ى) ohne Vokalzeichen ersetzt. In diesen Fällen dienen das Waw und das Ya dazu, die ihnen vorangehenden dunklen Buchstaben um ein [a] und die hellen Buchstaben um einen Laut zwischen [e] und [a] zu dehnen.

مَوْلٰى	هُدٰى	ثَنٰى	بَلٰى	اِلٰى
تَعَالٰى	اَوْفٰى	سَعٰى	طَغٰى	تَلٰى
اَسْرٰى	حُسْنٰى	كُبْرٰى	بُشْرٰى	نَهٰى
مُصَلّٰى	مُوسٰى	عَسٰى	لَتُلْقّٰى	يَتَمَنّٰى
يُوحٰى	اِهْتَدٰى	اَثْنٰى	لَعَلّٰي	سُكَارٰى
مَنٰوةٌ	زَكٰوةٌ	اِنْتَهٰى	مُلْتَقٰى	اِشْتَرٰى
نَجْوةٌ	حَيٰوةٌ	صَلٰوةٌ	غَدٰوةٌ	مِشْكٰوةٌ

Die Aussprache des „He" (ه/ﻩ), das als Personalpronomen verwendet wird

Bei der Quranrezitation liest man das „He" in manchen Fällen kurz und in anderen Fällen gedehnt.

1. Fälle, in denen das „He" gedehnt wird: Trägt der Buchstabe, der dem „He" vorangeht, ein Vokalzeichen, so liest man das „He" gedehnt.

مَالَهُ	خَالَهُ	رَبَّهُ	اِنَّهُ	لَهُ
مُعَلِّمُهُ	دَرْسُهُ	اَزْوَاجُهُ	اُخْتُهُ	اُمُّهُ
وَشَرِّهِ	خَيْرِهِ	بِثَالِثِهِ	اَهْلِهِ	بِهِ
خَزَائِنُهُ	غَيْرُهُ	ضَرَبْتَهُ	مَعَهُ	رَسُولِهِ

2. Fälle, in denen das „He" nicht gedehnt wird:

a) Folgt das „He" einem Buchstaben mit Dschezm oder einem Dehnungszeichen, so wird es ohne Dehnung ausgesprochen.

b) Ist das „He" mit einem nachfolgenden Buchstaben verbunden, der ein Scheddeh oder einen Dschezm trägt, so wird es ebenfalls nicht gedehnt.

نُوَلِّيهِ	بَنِيهِ	اَخِيهِ	اَبِيهِ	فِيهِ
عَنْهُ	رَأَتْهُ	عَلَيْهِ	اِلَيْهِ	مِنْهُ
اَحْصَيْنَاهُ	اَنْزَلْنَاهُ	عَرَضْنَاهُ	اتَيْنَاهُ	عَيْنَاهُ
وَلَدُوهُ	وَسَبِّحُوهُ	تَوَفِّيهِ	كَتَبُوهُ	كَرَّمُوهُ
لَهُ الْمَالُ	اِنَّهُ الْمَالُ	فَتَحَهُ الْمَدِينَةَ	بِهِ اللّهُ	وَلَهُ الْمُلْكُ	اَلْحَمْدُ

Der Artikel „El" (Elif-Lam) (ال)

Der Artikel „El" (ال) steht am Anfang des Wortes. Wie der Artikel „El" (ال) ausgesprochen wird, hängt davon ab, welcher Buchstabe ihm folgt.

Wir lernen die Verwendung der Elif-Lam-Vorsilbe.
Dazu brauchen wir die folgenden 14 Buchstaben:

ا ب ج ح خ ع غ ف ق ك م ه ى و

Folgt dem „El" einer dieser 14 Buchstaben, dann wird das „El" vollständig ausgesprochen, wenn ihm kein Buchstabe vorangeht, der ein Vokalzeichen trägt. Geht ihm ein Buchstabe mit Vokalzeichen voran, dann wird das „Elif" nicht und das „Lam" vokallos (also mit Dschezm) ausgesprochen.

Lesen Sie die folgenden Beispiele!

\multicolumn{5}{c}{**Wenn dem „El" kein Buchstabe mit Vokalzeichen vorangeht, dann wird die Vorsilbe „El" mitgelesen.**}
اَلْكَعْبَةُ	اَلْكَافِرِينَ	اَلْمُفْلِحُونَ	اَلْمُسْتَقِيمِينَ	اَلْعَالَمِينَ
اَلْمُبَذِّرِينَ	اَلْعَظِيمُ	اَلْغَافِلِينَ	اَلْمُسْلِمُ	اَلْغُيُوبُ
اَلْأَرْضُ	اَلْقَيُّومُ	اَلْحَيُّ	اَلْفَاتِحِينَ	اَلْحَكَمُ

\multicolumn{5}{c}{**Wenn dem „El" ein Buchstabe mit Vokalzeichen vorangeht, dann wird das „Lam" vokallos (also mit einem Dschezm) gelesen und das „Elif" wird weggelassen.**}
هُوَ الْأَوَّلُ	بِالْغَيْبِ	بِالْحَقِّ	وَالْبَحْرُ	وَالْقَمَرُ
وَالْكِتَابِ الْمُنِيرِ	وَالْجِبَالُ	فِى الْجَنَّةِ	وَالْمَوْعِظَةُ	وَالْحِكْمَتُ
اِلَّا الْبَلَاغُ	مِنَ الْعَذَابِ	خَلَقَ الْأَرْضَ	وَالْمُنَافِقِينَ	اِلَّا الْبَلَاغُ
وَتُسَيِّرُ الْجِبَالُ	اَجْرَ الْمُحْسِنِينَ	وَاَحْصُوا الْعِدَّةَ	عَزِيزُ الْحَكِيمِ	ذُو الْقُوَّةِ
مَا كَانَ الْمُؤْمِنُونَ				

Der Artikel „El" (Elif-Lam) (ال)

Wir lernen die Aussprache der Elif-Lam-Vorsilbe. Dazu brauchen wir die folgenden 14 Buchstaben:

ت ن ث د ذ ر س ش ص ض ط ظ ل ر ز

Wenn auf das „El" einer dieser 14 Buchstaben folgt, dann wird das „Elif" wie gewohnt ausgesprochen, das „Lam" jedoch nicht gelesen, sondern mit dem Folgebuchstaben vereint, so dass dieser doppelt ausgesprochen wird. Geht dem „El" aber ein Buchstabe mit Vokalzeichen voran, dann werden weder das „Elif" noch das „Lam" ausgesprochen.

Lesen Sie die folgende Beispiele!

\multicolumn{5}{c}{**Geht dem „El" kein Buchstabe mit Vokalzeichen voran, dann wird das „Elif" ohne dem „Lam" gelesen.**}
اَلرَّجِيمُ	اَلصَّبْرُ	اَلشَّمْسُ	اَلسَّلَامُ	اَلنَّاسُ
اَلسَّاجِدُ	اَلذَّاكِرُ	اَلسَّمٰوَاتُ	اَلصَّالِحِينَ	اَلظَّاهِرُ
اَلشَّرُّ	اَلضَّلَالَةُ	اَلثَّمَرَةُ	اَلزَّهْرَةُ	اَلطَّهَارَةُ
اَلصَّادِقِينَ	اَلثَّلَاثَةُ	اَلرَّاكِعُونَ	اَلتَّائِبُونَ	اَلطَّيِّبِينَ

\multicolumn{5}{c}{**Geht dem „El" ein Buchstabe mit Vokalzeichen oder ein Wort, dessen letzter Buchstabe ein Vokalzeichen trägt voran, dann wird weder das „Elif" noch das „Lam" gelesen.**}
وَالصَّيْفِ	رِحْلَةَالشِّتَاءِ	بِالنَّاصِيَةِ	اِنَّ اللّٰهَ	مِنَ الشَّيْطَانِ
يَاأَيُّهَاالنَّاسُ	يَصْلَى النَّارَ	أَصْحَابُ النَّارِ	وَالطَّارِقِ	وَالسَّمَاءِ
مِنْ بَيْنِ الصُّلْبِ	لَيْسَتِ النَّصَارَى	بَدِيعُ السَّمٰوَاتِ	وَعَمِلُواالصَّالِحَاتِ	هُمُ السُّفَهَاءُ

Die 99 Namen Allahs

Lesen Sie die 99 Namen Allahs und versuchen Sie diese auswendig zu lernen!
Der Prophet - Allahs Segen und Friede sei auf ihm - sagte:
„Allah besitzt 99 Namen. 100 minus 1! Jeder der diese auswendig lernt, wird ins Paradies eintreten." (Bukhari: Da'awat, 68.)

اَلسَّلَامُ	اَلْقُدُّوسُ	اَلْمَلِكُ	اَلرَّحِيمُ	اَلرَّحْمٰنُ	اَللهُ
اَلْخَالِقُ	اَلْمُتَكَبِّرُ	اَلْجَبَّارُ	اَلْعَزِيزُ	اَلْمُهَيْمِنُ	اَلْمُؤْمِنُ
اَلرَّزَّاقُ	اَلْوَهَّابُ	اَلْقَهَّارُ	اَلْغَفَّارُ	اَلْمُصَوِّرُ	اَلْبَارِئُ
اَلرَّافِعُ	اَلْحَافِضُ	اَلْبَاسِطُ	اَلْقَابِضُ	اَلْعَلِيمُ	اَلْفَتَّاحُ
اَلْعَدْلُ	اَلْحَكَمُ	اَلْبَصِيرُ	اَلسَّمِيعُ	اَلْمُذِلُّ	اَلْمُعِزُّ
اَلشَّكُورُ	اَلْغَفُورُ	اَلْعَظِيمُ	اَلْحَلِيمُ	اَلْخَبِيرُ	اَللَّطِيفُ
اَلْجَلِيلُ	اَلْحَسِيبُ	اَلْمُقِيتُ	اَلْحَفِيظُ	اَلْكَبِيرُ	اَلْعَلِيُّ
اَلْوَدُودُ	اَلْحَكِيمُ	اَلْوَاسِعُ	اَلْمُجِيبُ	اَلرَّقِيبُ	اَلْكَرِيمُ
اَلْقَوِيُّ	اَلْوَكِيلُ	اَلْحَقُّ	اَلشَّهِيدُ	اَلْبَاعِثُ	اَلْمَجِيدُ
اَلْمُعِيدُ	اَلْمُبْدِئُ	اَلْمُحْصِى	اَلْحَمِيدُ	اَلْوَلِيُّ	اَلْمَتِينُ
اَلْمَاجِدُ	اَلْوَاجِدُ	اَلْقَيُّومُ	اَلْحَيُّ	اَلْمُمِيتُ	اَلْمُحْيِى
اَلْمُؤَخِّرُ	اَلْمُقَدِّمُ	اَلْمُقْتَدِرُ	اَلْقَادِرُ	اَلصَّمَدُ	اَلْوَاحِدُ
اَلْمُتَعَالِى	اَلْوَالِى	اَلْبَاطِنُ	اَلظَّاهِرُ	اَلْاٰخِرُ	اَلْاَوَّلُ
مَالِكُ الْمُلْكِ	اَلرَّؤُوفُ	اَلْعَفُوُّ	اَلْمُنْتَقِمُ	اَلتَّوَّابُ	اَلْبَرُّ
اَلْمَانِعُ	اَلْمُغْنِى	اَلْغَنِيُّ	اَلْجَامِعُ	اَلْمُقْسِطُ	ذُوالْجَلَالِ وَالْاِكْرَامِ
اَلْبَاقِى	اَلْبَدِيعُ	اَلْهَادِى	اَلنُّورُ	اَلنَّافِعُ	اَلضَّآرُّ
			اَلصَّبُورُ	اَلرَّشِيدُ	اَلْوَارِثُ

Die Aussprache des Namens „Allah"

Wie lernen die Aussprache des Namens „Allah"

Wenn wir den Namen „Allah" (اَللّٰهُ) lesen, müssen wir bei der Aussprache des Buchstabens „Lam" auf das Vokalzeichen desjenigen Buchstabens achten, der dem „Lam" vorangeht.

1. Wenn vor dem Namen „Allah" ein Buchstabe mit Vokalzeichen [e] oder Vokalzeichen [u] steht, müssen wir den Buchstaben „Lam" im Namen „Allah" dunkel bzw. betont aussprechen.

Beispiel: وَاللّٰهِ (Wallahi).

2. Wenn vor dem Namen „Allah" ein Buchstabe mit Vokalzeichen [i] steht, müssen wir den Buchstaben „Lam" im Namen „Allah" hell lesen.

Beispiel: بِاللّٰهِ (Billahi).

Versuchen Sie anhand der nachfolgenden Beispiele zu unterscheiden, wann der Name „Allah" dunkel und wann er hell ausgesprochen werden muss!

فِى اَمَانِ اللّٰهِ	كِتَابُ اللّٰهِ	بِسْمِ اللّٰهِ	هُوَ اللّٰهُ	اَللّٰهُ
كَانَ اللّٰهُ	اِنَّ اللّٰهَ	يَضْرِبُ اللّٰهُ	يُثَبِّتُ اللّٰهُ	فِى سَبِيلِ اللّٰهِ
فِى دِينِ اللّٰهِ	بِهِ اللّٰهُ	مِنْ اٰيَاتِ اللّٰهِ	مَعَ اللّٰهِ	مِنْ دُونِ اللّٰهِ
وَلٰكِنَّ اللّٰهَ	كَلَامُ اللّٰهِ	اِلَى اللّٰهِ الْمَصِيرُ	مُعْجِزِى اللّٰهُ	فِى اللّٰهِ

Das Lesedehnungszeichen (ـٓ)

Trägt ein Buchstabe das Lesedehnungszeichen (ـٓ), dann wird er um vier Elif-Längen (also ca. vier Sekunden lang) gedehnt.

رَبَّنَاۤ اَفْرِغْ	اَلْاٰۤنَّهُمْ	يَاۤ اَيُّهَا	مَاۤ اَمَرَ اللّٰهُ	وَمَاۤ اُنْزِلَ
اِنّٓى اَعْلَمُ	اِنَّاۤ اَعْطَيْنَا	قَالُوۤا اِنَّا	كُلَّمَاۤ اَضَآءَ لَهُمْ	فَلَمَّاۤ اَضَآءَتْ
لَاۤ اَيْمَانَ	وَرَسُولِهِۤ اِلٰى	قُلْ يَاۤ اَيُّهَا	بَنِىۤ اِسْرَآئِيلَ	تُوبُوۤا اِلَى اللّٰهِ
دِمَآءَكُمْ	وَلَوْ شَآءَ اللّٰهُ	مَآءً	جَآءَ	سَوَآءٌ
قَآئِمًا	يُرْسِلِ السَّمَآءَ	حَدَآئِقَ	بَرَآءَةٌ	مُكَآءً
اٰلْاٰنَ	صَآفَّاتٍ	دَآبَّةٍ	شَآقُّ اللّٰهَ	وَلَا الضَّآلِّينَ
اَلْمَآدَّةُ	تَأْمُرُوٓنِّى	اَلطَّآمَّةُ	اَلصَّآخَّةُ	لِيُحَآجُّوكُمْ

An folgenden Stellen kommt das Lesedehnungszeichen (ـٓ) zum Einsatz:

1. Folgt einem Dehnungsvokal ein großes Hemze (ا), so muss der Buchstabe vor dem Dehnungsvokal mindestens um eine Eliflänge gedehnt werden, er darf aber auch um bis zu vier Elif-Längen (also ca. vier Sekunden lang) gedehnt werden. Diesen Vorgang nennt man im Tedschwid „Meddul Munfasil".

2. Folgt einem Dehnungsvokal ein kleines Hemze (ء), so muss der Buchstabe vor dem Dehnungsvokal mindestens um zwei Eliflängen gedehnt werden, er darf aber auch um bis zu vier Elif-Längen (also ca. vier Sekunden lang) gedehnt werden. Diesen Vorgang nennt man im Tedschwid „Meddul Muttasil".

3. Folgt einem Dehnungsvokal ein Buchstabe mit Scheddeh oder Dschezm (ّ/ْ) , so muss der Buchstabe vor dem Dehnungsvokal um vier Elif-Längen (also ca. vier Sekunden lang) gedehnt werden. Diesen Vorgang nennt man im Tedschwid „Meddul Lazim".

Aufgabe:
Welches der Wörter aus der obigen Tabelle passt zu welcher der drei Erläuterungen; markieren Sie die zutreffenden Wörter mit den dazugehörigen Ziffern 1-3.

Beispiel: Das erste Wort in der Tabelle passt zur ersten Erläuterung.

Die Huruful Muqatta'ah:
Buchstaben, die im Edlen Quran nicht mit anderen Buchstaben verbunden, sondern getrennt voneinander gelesen werden

Diese Buchstaben nennt man im Arabischen „Huruful Muqatta'ah". Dies bedeutet in etwa „abgetrennte Buchstaben". Im Edlen Quran beginnen 29 Suren mit Huruful Muqatta'ah, die nicht miteinander verbunden, sondern getrennt voneinander gelesen werden. In der folgenden Tabelle sind einige Huruful Muqatta'ah aus dem Edlen Quran aufgeführt. Die quranische Schreibweise dieser Wörter ist in schwarz, ihre Aussprache in rot abgebildet.

Lesen Sie die nachfolgenden Beispiele!

طٰسٓ	قٓ	نٓ	صٓ
طَاسِينْ	قَافْ	نُونْ	صَادْ
حمٓ عٓسٓقٓ	طٰسٓمٓ	حمٓ	طٰهٰ
حَامِيمْ عَيْنْ سِينْ قَافْ	طَاسِينْ مِيمْ	حَامِيمْ	طَاهَا
المٓصٓ	الٓمٓرٓ	الٓمٓ	الٓرٰ
اَلِفْ لَآمْ مِيمْ صَادْ	اَلِفْ لَآمْ مِيمْ رَا	اَلِفْ لَآمْ مِيمْ	اَلِفْ لَآمْرَا
		كٓهٰيٰعٓصٓ	يٰسٓ
	كَآفْ هَايَاعَيْنْ صَادْ		يَاسِينْ

Aufgabe:
Finden Sie drei der oben aufgeführten Buchstabenkombination im Edlen Quran wieder und notieren Sie die Namen der dazugehörigen Suren und deren Seitenzahlen unter den jeweiligen Kästchen!

Wir lernen die Verschmelzung des Tenwin und des „Stummen Nun"
mit anderen Buchstaben

In manchen Fällen verbindet man den Tenwin (ــًـ) und das „Stumme Nun" (نْ) mit einem Buchstaben, der ihnen nachfolgt.

Folgt einem Tenwin oder einem „Stummen Nun" einer der Buchstaben رلمون ي, so wird der Tenwin oder das „Stumme Nun" mit diesem Buchstaben verbunden. Diesen Vorgang nennt man im Tedschwid Idgham.

Beispiel: „مِنْ يَوْمٍ min yewmin": Da auf das „Stumme Nun" ein „Ya" folgt, wird die Wortkombination folgendermaßen gelesen: „مِنْ يَوْمٍ miyyewmin".

Schreibweise	مِنْ يَوْمٍ	اِنْ وَجَبَ	وَمَنْ مَنَعَ	خَيْرًا يَرَهُ
Aussprache	مِيْ يَوْمٍ	اِوْ وَجَبَ	وَمَمْ مَنَعَ	خَيْرَيَّرَهْ

اِنْ يَنْصُرْ	وَمَنْ يَعْمَلْ	قُلُوبٌ يَوْمَئِذٍ	حِسَابًا يَسِيرًا	لِمَنْ يَشَاءُ
رَسُولًا مِنْهُمْ	مِنْ مَحِيصٍ	وَاقِعٌ مَالَهُ	اَقْرِيبٌ مَا تُوعَدُونَ	كِتَابٌ مَرْقُومٌ
سَائِقٌ وَشَهِيدٌ	ذَا مَالٍ وَبَنِينَ	لَغْوًا وَلَا كِذَّابًا	مِنْ وَرَائِهِ	جَنَّاتُ نَعِيمٍ
فِي شَكٍّ مِمَّا	صَرْحٌ مُمَرَّدٌ	مِنْ مَسَدٍ	فِي كِتَابٍ مُبِينٍ	لَيْلًا مِنَ الْمَسْجِدِ
مِنْ وَلِيٍّ	كَعَصْفٍ مَأْكُولٍ	تَوْبَةً نَصُوحًا	لَوَّاحَةٌ لِلْبَشَرِ	غَفُورٌ رَحِيمٌ
وَيْلٌ لِكُلِّ	مِنْ رِزْقٍ	خَيْرٌ لِلصَّابِرِينَ	جُنْدٌ لَكُمْ	خَيْرٌ لَكُمْ

Anmerkung:

Wenn auf einen Tenwin oder ein „Stummes Nun" einer dieser Buchstaben م و ن ي folgt, wird das Nun summend eineinhalb Elif-Längen gedehnt. Diesen Vorgang nennt man im Tedschwid „Idgham ma'al Ghunnehh".

Wenn auf einen Tenwin oder ein „Stummes Nun" einer dieser Buchstaben ل ر folgt, wird dies im Tedschwid „Idgham bila Ghunneh" genannt. Das summende Dehnen entfällt hier.

Regeln für Tenwin und „Stummes Nun"

Wir lernen, wie man Tenwin und „Stummes Nun" in Verbindung mit „Be" als „Mim" (م) liest (Iqlab)

Folgt auf einen Tenwin (ـً) oder ein „Stummes Nun" der Buchstabe „Be" (ب), so werden der Tenwin und das „Stumme Nun" zu einem „Mim" (م) umgewandelt und summend gedehnt. Dies wird im Tedschwid „Iqlab" genannt.

Beispiel: مِنْ بَيْنَ : Die Wortverbindung „min beyne" wird zu „mim beyne".

Schreibweise	مِنْ بَعْدِ	سَمِيعٌ بَصِيرٌ	لَيُنْبَذَنَّ	لَئِنْ بَسَطَ
Aussprache	مِمْ بَعْدِ	سَمِيعُمْ بَصِيرٌ	لَيُمْبَذَنَّ	لَئِمْ بَسَطَ

كُلٌّ بِمَا	قَرِيبًا بَعِيدًا	كَلَامٌ بَلِيغٌ	عَنْ بَصَرٍ	اَنْبِيَاءٌ
بَغْيًا بَيْنَهُمْ	وَمَنْ بَلَغَ	تُنْبِتُ	عَوَانٌ بَيْنَ	اٰيَاتٍ بَيِّنَاتٍ
وَالِدَةٌ بِوَلَدِهَا	مَتَاعًا بِالْمَعْرُوفِ	غُرْفَةٌ بِيَدِهِ	مِنْ بَقْلِهَا	عَنْ بَالِغِيهِ

Wie lernen die betonte Aussprache des Tenwin und des „Stummen Nun" (نْ) (Ikhfa')

ت ث ج د ذ ز س ش ص ض ط ظ ف ق ك

Folgt auf einen Tenwin (ً ٍ ٌ) oder ein „Stummes Nun" (نْ) einer der obenstehenden 15 Buchstaben, dann wird der Tenwin oder das „Stumme Nun" nicht klar ausgesprochen, sondern nur andeutungsweise anderthalb Elif-Längen (1,5 Sekunden lang) summend gedehnt. Dies nennt man im Tedschwid „Ikhfa'".

Beispiel: Wenn man die Wortkombination اِنْ كُلَّ „in kullu" mit Ikhfa' liest, wird daraus „innn kullu".

اُنْزِلَ	يُنْفِقُونَ	ثَمَنًا قَلِيلًا	مِنْ كُلِّ	اِنْ كَانَ
اَنْفُسَكُمْ	فَأَنْجَيْنَاكُمْ	كَلِمَاتٍ فَتَابَ	كُنْتُمْ	اَاَنْذَرْتَهُمْ
وَاِنْ تَوَلَّوْا	مَنْ سَفِهَ	وَلَنْ تَرْضَى	مُحْسِنٌ فَلَهُ	وَلَدًا سُبْحَانَهُ
اَيَّامٍ فِى الْحَجِّ	مِنْ تَحْتِهَا	جَنَّاتٍ تَجْرِى	فَمَنْ تَطَوَّعَ	حَلَالًا طَيِّبًا
فَمَنْ فَرَضَ	كُلِّ شَىْءٍ قَدِيرٌ	اَاَمِنْتُمْ	عَنْ دِينِهِ	عَشَرَةٌ كَامِلَةٌ

Anmerkung: Beim Ikhfa', darf die Zunge nicht den Gaumen berühren!

Regeln für den Umgang mit dem Edlen Quran

Unser geliebter Prophet - Allahs Segen und Friede sei auf ihm - sagte:
„Wer den Edlen Quran in schöner Art und Weise aus dem Gedächtnis vorträgt, ist mit ehrwürdigen, folgsamen Offenbarungsengeln beisammen."

(Bukhari: Tewhid, 52)

1. Bevor der Edle Quran angefasst werden darf, muss die Teilwaschung (Wudu) vollzogen werden. Denn der Erhabene Allah hat uns verboten den Edlen Quran im Zustand der rituellen Unreinheit zu berühren.

2. Der Edle Quran sollte an einem sauberen und erhöhten Ort aufbewahrt werden.

3. Der Edle Quran muss respektvoll behandelt werden. Man sollte ihn nicht auf den Boden legen oder die Füße in seine Richtung ausstrecken.

4. Man sollte sich beim Quranlesen so hinsetzen, dass man dabei in Richtung der Qible (Gebetsrichtung) sitzt.

5. Um seine Lesetechnik zu verbessern, sollte man nicht davor zurückscheuen, die Hilfe von Leuten in Anspruch zu nehmen, die gut quranlesen können.

6. An Orten, an denen der Edle Quran vorgetragen wird, sollte man sich ruhig verhalten und der Rezitation andächtig zuhören.

7. Man sollte jeden Tag bzw. so oft es geht im Edlen Quran lesen.

„Jeden Tag lese ich eine Seite aus diesem Buche;
und nähere mich wie neugeboren dem Ziel meiner Suche!"

(Gedicht)

DIE SURE EL-FATIHA

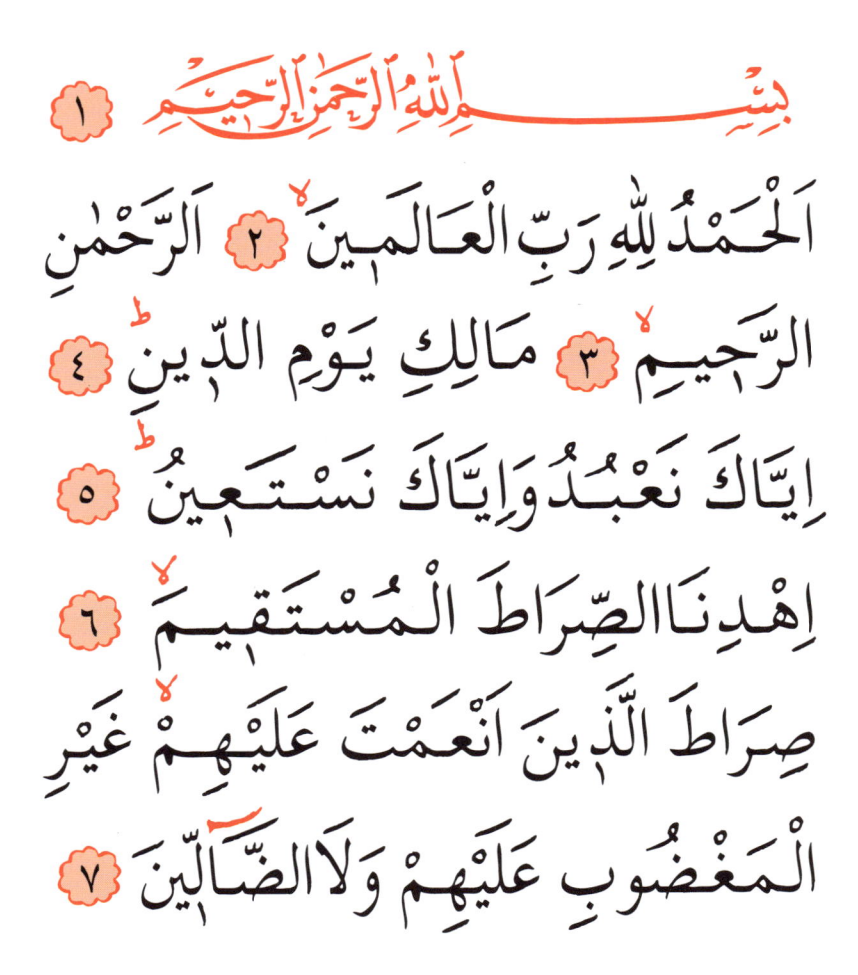

بِسْمِ اللَّهِ الرَّحْمَٰنِ الرَّحِيمِ ۝١
الْحَمْدُ لِلَّهِ رَبِّ الْعَالَمِينَ ۝٢ الرَّحْمَٰنِ الرَّحِيمِ ۝٣ مَالِكِ يَوْمِ الدِّينِ ۝٤ إِيَّاكَ نَعْبُدُ وَإِيَّاكَ نَسْتَعِينُ ۝٥ اهْدِنَا الصِّرَاطَ الْمُسْتَقِيمَ ۝٦ صِرَاطَ الَّذِينَ أَنْعَمْتَ عَلَيْهِمْ غَيْرِ الْمَغْضُوبِ عَلَيْهِمْ وَلَا الضَّالِّينَ ۝٧

1-7. Mit dem Namen Allahs, des Allerbarmers, des Allbarmherzigen. Lob sei Allah, dem Herrn aller Welten, Dem Allerbarmer, Dem Allbarmherzigen, Dem Herrscher am Tage des Gerichts. Dir allein dienen wir, und Dich allein bitten wir um Hilfe. Leite uns den rechten Weg. Den Weg derer, denen Du Deine Gnade erwiesen hast, nicht den (Weg) derer, denen Du zürnst und nicht den (Weg) derer, die irregehen.

DIE SURE EL-BAQARA
(1. Seite)

بِسْمِ اللَّهِ الرَّحْمَٰنِ الرَّحِيمِ

الٓمٓ ۝ ذَٰلِكَ الْكِتَابُ لَا رَيْبَ ۛ فِيهِ ۛ هُدًى لِّلْمُتَّقِينَ ۝ الَّذِينَ يُؤْمِنُونَ بِالْغَيْبِ وَيُقِيمُونَ الصَّلَوٰةَ وَمِمَّا رَزَقْنَاهُمْ يُنفِقُونَ ۝ وَالَّذِينَ يُؤْمِنُونَ بِمَا أُنزِلَ إِلَيْكَ وَمَا أُنزِلَ مِن قَبْلِكَ وَبِالْآخِرَةِ هُمْ يُوقِنُونَ ۝ أُولَٰئِكَ عَلَىٰ هُدًى مِّن رَّبِّهِمْ ۖ وَأُولَٰئِكَ هُمُ الْمُفْلِحُونَ ۝

(1-5)
Mit dem Namen Allahs, des Allerbarmers, des Allbarmherzigen!

1-5. Elif-Lam-Mim. Dieses Buch, daran gibt es keinen Zweifel, ist eine Rechtleitung für die Gottesfürchtigen, die an das Verborgene glauben, das Gebet verrichten und von dem, womit Wir sie versorgt haben, (anderen) ausgeben und die an das glauben, was zu dir (an Offenbarung) herabgesandt worden ist und an das, was vor dir (an die anderen Gesandten) herabgesandt worden ist und die vom Jenseits überzeugt sind. Jene folgen einer Rechtleitung von ihrem Herrn, und das sind diejenigen, denen es wohlergeht.

SUBHANEKE

سُبْحَانَكَ اللّٰهُمَّ ۞ وَبِحَمْدِكَ ۞ وَتَبَارَكَ اسْمُكَ وَتَعَالٰى جَدُّكَ ۞ وَجَلَّ ثَنَاؤُكَ ۞ وَلَآ اِلٰهَ غَيْرُكَ ۞

Dieser Teil wird ausschließlich beim Totengebet gesprochen.

Erhaben bist Du, o Allah (über alle nichtgöttlichen und menschlichen Eigenschaften). Dir gebührt alles Lob. Dein Name ist gesegnet und hocherhaben ist Deine Herrschaft. Und es gibt keinen Gott außer Dir.

ETTEHIYATU

اَلتَّحِيَّاتُ لِلّٰهِ وَالصَّلَوَاتُ وَالطَّيِّبَاتُ ۞ اَلسَّلَامُ عَلَيْكَ اَيُّهَا النَّبِيُّ وَرَحْمَةُ اللّٰهِ وَبَرَكَاتُهُ ۞ اَلسَّلَامُ عَلَيْنَا وَعَلٰى عِبَادِ اللّٰهِ الصَّالِحِينَ ۞ اَشْهَدُ اَنْ لَآ اِلٰهَ اِلَّا اللّٰهُ وَاَشْهَدُ اَنَّ مُحَمَّدًا عَبْدُهُ وَرَسُولُهُ ۞

Alle Grüße (d.h. alle Arten des mündlichen Gottesdienstes, wie Gottgedenken und Bittgebete), alle Anbetungen (d.h. alle Arten des Gottesdienstes, die mit dem Körper verrichtet werden, wie Gebet und Fasten) und alle guten Taten (d.h. alle Arten des materiellen Gottesdienstes, wie das Entrichten der Pflichtabgabe und das Geben freiwilliger Spenden) sind für Allah.
Friede sei mit dir, o Prophet, und die Barmherzigkeit Allahs und Seine Segnungen. Friede sei mit Uns und den frommen Dienern Allahs. Ich bezeuge, dass es keinen Gott außer Allah gibt und ich bezeuge, dass Muhammed Sein Diener und Gesandter ist.

ALLAHUMME SALLI
ALLAHUMME BARIK

اَللّٰهُمَّ صَلِّ عَلٰى مُحَمَّدٍ وَعَلٰى اٰلِ مُحَمَّدٍ ۞ كَمَا صَلَّيْتَ عَلٰى اِبْرَاهِيمَ وَعَلٰى اٰلِ اِبْرَاهِيمَ ۞ اِنَّكَ حَمِيدٌ مَجِيدٌ ۞

O Allah, segne Muhammed und die Familie Muhammeds (mit Deiner Barmherzigkeit), genauso wie Du Ibrahim und die Familie Ibrahims (mit Deiner Barmherzigkeit) gesegnet hast. Wahrlich, Du bist Der Gelobte, Der Ruhmreiche.

اَللّٰهُمَّ بَارِكْ عَلٰى مُحَمَّدٍ وَعَلٰى اٰلِ مُحَمَّدٍ ۞ كَمَا بَارَكْتَ عَلٰى اِبْرَاهِيمَ وَعَلٰى اٰلِ اِبْرَاهِيمَ ۞ اِنَّكَ حَمِيدٌ مَجِيدٌ ۞

O Allah, vermehre (den Segen und die Glückseligkeit) Muhammeds und der Familie Muhammeds, genauso wie Du Ibrahim und der Familie Ibrahims (den Segen und die Glückseligkeit) vermehrt hast. Wahrlich Du bist Der Gelobte, Der Ruhmreiche.

RABBENA ATINA

رَبَّنَآ اٰتِنَا فِى الدُّنْيَا حَسَنَةً وَفِى الْاٰخِرَةِ حَسَنَةً وَقِنَا عَذَابَ النَّارِ ۞

Unser Herr! Gib uns im Diesseits Gutes und im Jenseits Gutes. Und bewahre uns vor der Bestrafung im Höllenfeuer.

رَبَّنَا اغْفِرْلِى وَلِوَالِدَىَّ وَلِلْمُؤْمِنِينَ يَوْمَ يَقُومُ الْحِسَابُ ۞

Unser Herr! Vergib mir, meinen Eltern und allen Gläubigen am Tage, an dem die Rechenschaft abgelegt wird.

QUNUT BITTGEBETE 1-2

اَللّٰهُمَّ اِنَّا نَسْتَعِينُكَ وَنَسْتَغْفِرُكَ وَنَسْتَهْدِيكَ ۞ وَنُؤْمِنُ بِكَ وَنَتُوبُ اِلَيْكَ ۞ وَنَتَوَكَّلُ عَلَيْكَ ۞ وَنُثْنِى عَلَيْكَ الْخَيْرَ كُلَّهُ نَشْكُرُكَ وَلَا نَكْفُرُكَ ۞ وَنَخْلَعُ وَنَتْرُكُ مَنْ يَفْجُرُكَ ۞

O Allah! Wir bitten Dich um Deinen Beistand, Deine Vergebung und Deine Rechtleitung. Wir glauben an Dich, wenden uns Dir in Reue zu und vertrauen auf Dich. Wir preisen Dich im Guten. Wir danken Dir und verleugnen Dich nicht. Wir sagen uns von all jenen los und lassen von all jenen ab, die Deinen Geboten keine Beachtung schenken.

اَللّٰهُمَّ اِيَّاكَ نَعْبُدُ وَلَكَ نُصَلِّى وَنَسْجُدُ ۞ وَاِلَيْكَ نَسْعَى وَنَحْفِدُ ۞ نَرْجُو رَحْمَتَكَ وَنَخْشَى عَذَابَكَ ۞ اِنَّ عَذَابَكَ بِالْكُفَّارِ مُلْحِقٌ ۞

O Allah! Nur Dir dienen wir, nur zu Dir beten wir und nur vor Dir werfen wir uns nieder. Wir eilen zu Dir und dienen Dir. Wir hoffen auf Deine Gnade und fürchten Deine Strafe. Denn wahrlich fallen die Ungläubigen Deiner Strafe anheim.

AMENTU

اٰمَنْتُ بِاللّٰهِ وَمَلٰٓئِكَتِهٖ وَكُتُبِهٖ وَرُسُلِهٖ وَالْيَوْمِ الْاٰخِرِ وَبِالْقَدَرِ خَيْرِهٖ وَشَرِّهٖ مِنَ اللّٰهِ تَعَالٰى وَالْبَعْثُ بَعْدَ الْمَوْتِ حَقٌّ اَشْهَدُ اَنْ لَآ اِلٰهَ اِلَّا اللّٰهُ وَاَشْهَدُ اَنَّ مُحَمَّدًا عَبْدُهُ وَرَسُولُهُ

Ich glaube an Allah, Seine Engel, Seine (heiligen) Bücher, Seine Gesandten und an den Letzten Tag. Und (ich glaube) daran, dass alles Gute und Schlechte vom Erhabenen Allah vorherbestimmt und die Auferstehung nach dem Tode real ist. Ich bezeuge, dass es keine Gottheit außer Allah gibt, und ich bezeuge, dass Muhammed Sein Diener und Sein Gesandter ist.

Das Bittgebet (im Gebet) nach der schafiitischen Rechtsschule

DAS TEWEDSCHUH BITTGEBET
(Anfang)

وَجَّهْتُ وَجْهِيَ لِلَّذٖى فَطَرَ السَّمٰوَاتِ وَالْاَرْضَ حَنٖيفًا مُسْلِمًا وَمَا اَنَا مِنَ الْمُشْرِكٖينَ. اِنَّ صَلَاتٖى وَنُسُكٖى وَمَحْيَايَ وَمَمَاتٖى لِلّٰهِ رَبِّ الْعَالَمٖينَ لَاشَرٖيكَ لَهُ وَبِذٰلِكَ اُمِرْتُ وَاَنَا مِنَ الْمُسْلِمٖينَ

Ich wende mein Angesicht als Monotheist und Muslim dem Erschaffer der Himmel und der Erde zu. Ich bin keiner der Götzendiener. Wahrlich sind mein Gebet, mein Gottesdienst, mein Leben und Sterben für Allah, dem Herrn aller Welten. Er hat keinen Teilhaber. So wurde es mir befohlen und ich bin einer der Muslime.

ETTEHIYATU
(Nach der schafiitischen Rechtsschule)

اَلتَّحِيَّاتُ اْلمُبَارَكَاتُ الصَّلَوَاتُ الطَّيِّبَاتُ لِلّٰهِ ۞ اَلسَّلَامُ عَلَيْكَ اَيُّهَا النَّبِىُّ وَرَحْمَةُ اللّٰهِ وَبَرَكَاتُهُ ۞ اَلسَّلَامُ عَلَيْنَا وَعَلٰى عِبَادِ اللّٰهِ الصَّالِحِينَ ۞ اَشْهَدُ أَنْ لَاۤ اِلٰهَ اِلَّا اللّٰهُ وَاَشْهَدُ اَنَّ مُحَمَّداً رَسُولُ للّٰهِ ۞

Alle gesegneten Grüße (d.h. alle Arten des mündlichen Gottesdienstes, wie Gottgedenken und Bittgebete), alle Anbetung (d.h. alle Arten des Gottesdienstes, die mit dem Körper verrichtet werden, wie Gebet und Fasten) und alle freiwilligen gottesdienstlichen Handlungen sind (allein) für Allah. Friede sei mit dir, o du Prophet, und die Barmherzigkeit Allahs und Seine Segnungen. Friede sei mit Uns und den frommen Dienern Allahs. Ich bezeuge, dass es keinen Gott gibt außer Allah, und ich bezeuge, dass Muhammed Sein Gesandter ist.

ALLAHUMME SALLI ALLAHUMME BARIK
(Nach der schafiitischen Rechtsschule)

اَللّٰهُمَّ صَلِّ عَلٰى سَيِّدِنَا مُحَمَّدٍ وَعَلٰى اٰلِ سَيِّدِنَا مُحَمَّدٍ ❀ كَمَا صَلَّيْتَ عَلٰى سَيِّدِنَا اِبْرَاهِيمَ وَعَلٰى اٰلِ سَيِّدِنَا اِبْرَاهِيمَ ❀ وَبَارِكْ عَلٰى سَيِّدِنَا مُحَمَّدٍ وَعَلٰى اٰلِ سَيِّدِنَا مُحَمَّدٍ ❀ كَمَا بَارَكْتَ عَلٰى سَيِّدِنَا اِبْرَاهِيمَ وَعَلٰى اٰلِ سَيِّدِنَا اِبْرَاهِيمَ فِى الْعَالَمِينَ ❀ اِنَّكَ حَمِيدٌ مَجِيدٌ ❀

O Allah segne unseren Herrn Muhammed und die Familie unseres Herrn Muhammed (mit Deiner Barmherzigkeit), genauso wie Du unseren Herrn Ibrahim und die Familie unseres Herrn Ibrahim (mit Deiner Barmherzigkeit) gesegnet hast, und vermehre unserem Herrn Muhammed und der Familie unseres Herrn Muhammed (den Segen und die Glückseligkeit), genauso wie Du unserem Herrn Ibrahim und der Familie unseres Herrn Ibrahim (den Segen und die Glückseligkeit) vermehrt hast.
Wahrlich, Du bist Der Gelobte, Der Ruhmreiche.

QUNUT BITTGEBET
(Nach der schafiitischen Rechtsschule)

اَللّٰهُمَّ اهْدِنِى فِيمَنْ هَدَيْتَ وَعَافِنِى فِيمَنْ عَافَيْتَ وَتَوَلَّنِى فِيمَنْ تَوَلَّيْتَ وَبَارِكْ لِى فِيمَا اَعْطَيْتَ وَقِنِى شَرَّ مَا قَضَيْتَ فَاِنَّكَ تَقْضِى وَلَا يُقْضٰى عَلَيْكَ اِنَّهُ لَا يَذِلُّ مَنْ وَالَيْتَ وَلَا يَعِزُّ مَنْ عَادَيْتَ

تَبَارَكْتَ رَبَّنَا وَتَعَالَيْتَ فَلَكَ الْحَمْدُ عَلَى مَا قَضَيْتَ اَسْتَغْفِرُكَ اَللّٰهُمَّ وَاَتُوبُ اِلَيْكَ وَصَلَّى اللهُ عَلَى سَيِّدِنَا مُحَمَّدٍ وَعَلَى اٰلِهِ وَصَحْبِهِ وَسَلَّمَ

O Allah, leite mich recht, mit denen, die Du rechtleitest und schenke mir Wohlbefinden, mit denen, denen Du Wohlbefinden schenkst, und nimm Dich meiner an, mit denen, derer Du Dich annimmst, und segne mich mit dem, was Du gibst, und bewahre mich vor dem Übel, das Du vorherbestimmt hast. Denn wahrlich bist Du Der, Der entscheidet während über Dich nicht entschieden wird. Wahrlich wird der nicht erniedrigt, dem Du beistehst, und der nicht erhoben, den Du Dir als Feind genommen hast. Gesegnet seist Du, o unser Herr und hoch erhaben bist Du. Gelobt seist Du, für das, was Du bestimmt hast. Ich bitte Dich um Vergebung, o Allah und wende mich Dir reumütig zu. Allah möge unseren Herrn Muhammed segnen und (ebenso) seine Familie und seine Gefährten und Er möge ihnen Frieden schenken.

IQAME
(Nach der schafiitischen Rechtsschule)

اَللهُ اَكْبَرُ اَللهُ اَكْبَرُ

اَشْهَدُ اَنْ لَا اِلٰهَ اِلَّا اللهُ   اَشْهَدُ اَنَّ مُحَمَّدًا رَسُولُ اللهِ

حَيَّ عَلَى الصَّلَاةِ   حَيَّ عَلَى الْفَلَاحِ

قَدْ قَامَتِ الصَّلَاةُ   قَدْ قَامَتِ الصَّلَاةُ

اَللهُ اَكْبَرُ اَللهُ اَكْبَرُ   لَا اِلٰهَ اِلَّا اللهُ

DIE SURE EL-FIL

بِسْمِ اللَّهِ الرَّحْمَٰنِ الرَّحِيمِ

أَلَمْ تَرَ كَيْفَ فَعَلَ رَبُّكَ بِأَصْحَابِ الْفِيلِ ۝ أَلَمْ يَجْعَلْ كَيْدَهُمْ فِي تَضْلِيلٍ ۝ وَأَرْسَلَ عَلَيْهِمْ طَيْرًا أَبَابِيلَ ۝ تَرْمِيهِمْ بِحِجَارَةٍ مِنْ سِجِّيلٍ ۝ فَجَعَلَهُمْ كَعَصْفٍ مَأْكُولٍ ۝

Siehst du nicht, wie dein Herr mit den Leuten des Elefanten verfuhr? Hat Er nicht ihren Plan scheitern lassen und Vögel in Scharen über sie geschickt, die sie mit Steinen aus gebranntem Lehm bewarfen, und sie so wie abgefressene Halme gemacht?

DIE SURE QURAYSCH

بِسْمِ اللَّهِ الرَّحْمَٰنِ الرَّحِيمِ

لِإِيلَافِ قُرَيْشٍ ۝ إِيلَافِهِمْ رِحْلَةَ الشِّتَاءِ وَالصَّيْفِ ۝ فَلْيَعْبُدُوا رَبَّ هَٰذَا الْبَيْتِ ۝ الَّذِي أَطْعَمَهُمْ مِنْ جُوعٍ وَآمَنَهُمْ مِنْ خَوْفٍ ۝

Für ein Zusammenleben der Quraysch (in Sicherheit), für ihr Zusammenleben bei den Karawanenreisen im Winter und Sommer sollen sie dem Herrn dieses Hauses dienen, Der ihnen zu essen gegeben hat, sodass sie nicht zu hungern brauchen und Der ihnen Sicherheit gewährt hat, sodass sie nicht zu fürchten brauchen.

DIE SURE EL-MAUN

بِسْمِ اللّٰهِ الرَّحْمٰنِ الرَّحِيمِ

اَرَاَيْتَ الَّذِى يُكَذِّبُ بِالدِّينِ ۝١ فَذٰلِكَ الَّذِى يَدُعُّ الْيَتِيمَ ۝٢ وَلَا يَحُضُّ عَلٰى طَعَامِ الْمِسْكِينِ ۝٣ فَوَيْلٌ لِلْمُصَلِّينَ ۝٤ اَلَّذِينَ هُمْ عَنْ صَلَاتِهِمْ سَاهُونَ ۝٥ اَلَّذِينَ هُمْ يُرَاؤُنَ ۝٦ وَيَمْنَعُونَ الْمَاعُونَ ۝٧

Hast du den gesehen, der die Abrechnung (am Jüngsten Tag) leugnet? Das ist derselbe, der die Waise wegstößt. Und nicht zur Speisung des Armen antreibt. Wehe nun den Betenden, denjenigen, die nicht auf ihr Gebet achten, denjenigen, die nur (bei ihren Handlungen) gesehen werden wollen und die Unterstützung verweigern.

DIE SURE EL-KEWTHER

بِسْمِ اللّٰهِ الرَّحْمٰنِ الرَّحِيمِ

اِنَّا اَعْطَيْنَاكَ الْكَوْثَرَ ۝١ فَصَلِّ لِرَبِّكَ وَانْحَرْ ۝٢ اِنَّ شَانِئَكَ هُوَ الْاَبْتَرُ ۝٣

Wahrlich haben Wir dir (Muhammed) den Kewther (dies ist entweder ein Brunnen, aus dem die Gläubigen am Tage der Auferstehung trinken werden, oder viele Güter, im Diesseits und im Jenseits, wie die Gesandtschaft und das Fürspracherecht) gegeben. So bete zu deinem Herrn und schlachte Opfertiere. Fürwahr, der, der dich hasst, ist es, der (vom Segen der Nachkommenschaft) abgeschnitten sein soll.

Die Suren El-Kafirun und En-Nasr

DIE SURE EL-KAFIRUN

بِسْمِ اللَّهِ الرَّحْمَٰنِ الرَّحِيمِ

قُلْ يَٰٓأَيُّهَا ٱلْكَٰفِرُونَ ۝١ لَآ أَعْبُدُ مَا تَعْبُدُونَ ۝٢ وَلَآ أَنتُمْ عَٰبِدُونَ مَآ أَعْبُدُ ۝٣ وَلَآ أَنَا۠ عَابِدٌ مَّا عَبَدتُّمْ ۝٤ وَلَآ أَنتُمْ عَٰبِدُونَ مَآ أَعْبُدُ ۝٥ لَكُمْ دِينُكُمْ وَلِيَ دِينِ ۝٦

Sprich (o Muhammed): «O ihr Ungläubigen! Ich diene nicht denen, denen ihr dient (d.h. ich bete nicht die Götzen an, die ihr anbetet). Noch dient ihr Dem, Dem ich diene (d.h. noch betet ihr Allah an, Den ich anbete). Und ich werde kein Diener derer sein, denen ihr gedient habt (d.h. ich werde niemals die Götzen anbeten, die ihr angebetet habt). Und ihr werdet nicht Diener Dessen sein, Dem ich diene (d.h. ihr werdet eh nicht Allah anbeten, Den ich anbete). Euch eure Religion, und mir meine Religion.»

DIE SURE EN-NASR

بِسْمِ اللَّهِ الرَّحْمَٰنِ الرَّحِيمِ

إِذَا جَآءَ نَصْرُ ٱللَّهِ وَٱلْفَتْحُ ۝١ وَرَأَيْتَ ٱلنَّاسَ يَدْخُلُونَ فِى دِينِ ٱللَّهِ أَفْوَاجًا ۝٢ فَسَبِّحْ بِحَمْدِ رَبِّكَ وَٱسْتَغْفِرْهُ إِنَّهُۥ كَانَ تَوَّابًۢا ۝٣

Wenn Allahs Hilfe kommt und der Sieg und du siehst, dass die Menschen in Scharen der Religion Allahs beitreten, dann lobpreise deinen Herrn und bitte Ihn um Vergebung. Er ist wahrlich Der, Der die Reue annimmt.

DIE SURE EL-MESED

بِسْمِ اللَّهِ الرَّحْمَٰنِ الرَّحِيمِ

تَبَّتْ يَدَا أَبِي لَهَبٍ وَتَبَّ ۝ مَا أَغْنَىٰ عَنْهُ مَالُهُ وَمَا كَسَبَ ۝ سَيَصْلَىٰ نَارًا ذَاتَ لَهَبٍ ۝ وَامْرَأَتُهُ حَمَّالَةَ الْحَطَبِ ۝ فِي جِيدِهَا حَبْلٌ مِّن مَّسَدٍ ۝

Zugrunde gehen sollen die Hände Ebu Lehebs, und (auch er selbst) soll zugrunde gehen! Was nützen ihm sein Besitz und das, was er erworben hat? Er wird dereinst in einem lodernden Feuer brennen. Ebenso seine Frau, die (elende) Brennholzträgerin. Um ihren Hals wird ein Strick aus Palmfasern sein.

DIE SURE EL-IKHLAS

بِسْمِ اللَّهِ الرَّحْمَٰنِ الرَّحِيمِ

قُلْ هُوَ اللَّهُ أَحَدٌ ۝ اللَّهُ الصَّمَدُ ۝ لَمْ يَلِدْ وَلَمْ يُولَدْ ۝ وَلَمْ يَكُن لَّهُ كُفُوًا أَحَدٌ ۝

Sprich: «Er ist Allah, der Einzige. Allah, der Absolute (d.h. der Unabhängige, von Dem alles abhängt und Der selbst völlig unabhängig ist). Er zeugt nicht und wurde nicht gezeugt. Und keiner ist Ihm gleich.»

Die Suren El-Felaq und En-Nas

DIE SURE EL-FELAQ

بِسْمِ اللَّهِ الرَّحْمَنِ الرَّحِيمِ

قُلْ أَعُوذُ بِرَبِّ الْفَلَقِ ۝ مِنْ شَرِّ مَا خَلَقَ ۝ وَمِنْ شَرِّ غَاسِقٍ إِذَا وَقَبَ ۝ وَمِنْ شَرِّ النَّفَّاثَاتِ فِي الْعُقَدِ ۝ وَمِنْ شَرِّ حَاسِدٍ إِذَا حَسَدَ ۝

Sprich: «Ich suche (meine) Zuflucht beim Herrn der Morgendämmerung, vor dem Übel dessen, was Er erschaffen hat und vor dem Übel der hereinbrechenden Nacht und vor dem Übel, der auf die Knoten blasenden Magierinnen, und vor dem Übel des Neiders, wenn er neidet.»

DIE SURE EN-NAS

بِسْمِ اللَّهِ الرَّحْمَنِ الرَّحِيمِ

قُلْ أَعُوذُ بِرَبِّ النَّاسِ ۝ مَلِكِ النَّاسِ ۝ إِلَهِ النَّاسِ ۝ مِنْ شَرِّ الْوَسْوَاسِ الْخَنَّاسِ ۝ الَّذِي يُوَسْوِسُ فِي صُدُورِ النَّاسِ ۝ مِنَ الْجِنَّةِ وَالنَّاسِ ۝

Sprich: «Ich suche (meine) Zuflucht beim Herrn der Menschen, Dem König der Menschen, Dem Gott der Menschen, vor dem Übel des einflüsternden Teufels (der dem Menschen einflüstert, wenn dieser unachtsam ist und sich zurückzieht, sobald dieser Allahs gedenkt), der da einflüstert in die Herzen der Menschen. Sei (dieser Teufel nun) einer von den Dschinnen oder einer der Menschen.»

DIE SURE ESCH-SCHERH

بِسْمِ اللّٰهِ الرَّحْمٰنِ الرَّحِيمِ

اَلَمْ نَشْرَحْ لَكَ صَدْرَكَ ۝ وَوَضَعْنَا عَنْكَ وِزْرَكَ ۝ اَلَّذِىٓ اَنْقَضَ ظَهْرَكَ ۝ وَرَفَعْنَا لَكَ ذِكْرَكَ ۝ فَاِنَّ مَعَ الْعُسْرِ يُسْرًا ۝ اِنَّ مَعَ الْعُسْرِ يُسْرًا ۝ فَاِذَا فَرَغْتَ فَانْصَبْ ۝ وَاِلٰى رَبِّكَ فَارْغَبْ ۝

Haben Wir dir nicht deine Brust geweitet und dir deine Last abgenommen, die dir so schwer auf dem Rücken lastete und haben Wir (nicht) deinen Namen erhöht (indem du mit Mir zusammen im Glaubensbekenntnis genannt wirst)? Doch wahrlich geht mit jeder Schwierigkeit Erleichterung einher, wahrlich (sendet Allah) zu jeder Schwierigkeit (die entsprechende) Erleichterung. Wenn du also (mit der Beschäftigung mit irdischen Dingen) fertig bist, dann bemühe dich (im Gottesdienst) und wende dich ganz deinem Herrn zu.

EDHAN UND IQAME

اَللّٰهُ اَكْبَرُ اَللّٰهُ اَكْبَرُ اَللّٰهُ اَكْبَرُ اَللّٰهُ اَكْبَرُ

اَشْهَدُ اَنْ لَا اِلٰهَ اِلَّا اللّٰهُ اَشْهَدُ اَنْ لَا اِلٰهَ اِلَّا اللّٰهُ

اَشْهَدُ اَنَّ مُحَمَّدًا رَسُولُ اللّٰهِ اَشْهَدُ اَنَّ مُحَمَّدًا رَسُولُ اللّٰهِ

حَيَّ عَلَى الصَّلَاةِ حَيَّ عَلَى الصَّلَاةِ حَيَّ عَلَى الْفَلَاحِ حَيَّ عَلَى الْفَلَاحِ

اَللّٰهُ اَكْبَرُ اَللّٰهُ اَكْبَرُ لَا اِلٰهَ اِلَّا اللّٰهُ

<div dir="rtl">قَدْ قَامَتِ الصَّلَاةُ</div>	<div dir="rtl">اَلصَّلَاةُ خَيْرٌ مِنَ النَّوْمِ</div>
Wird beim Gebetsaufruf (Iqame) zweimal nach „Hayye alel felah" gesprochen:	Wird beim Gebetsruf (Edhan) des Morgengebets zweimal nach „Hayye alel felah" ausgerufen:

BITTGEBET NACH DEM EDHAN

اَللّٰهُمَّ رَبَّ هٰذِهِ الدَّعْوَةِ التَّامَّةِ ۞ وَالصَّلَاةِ الْقَائِمَةِ ۞ اٰتِ سَيِّدَنَا مُحَمَّدًا الْوَسِيلَةَ وَالْفَضِيلَةَ ۞ وَابْعَثْهُ مَقَامًا مَحْمُودًا الَّذِى وَعَدْتَهُ ۞ اِنَّكَ لَا تُخْلِفُ الْمِيعَادَ ۞

O Allah, Herr dieses vollkommenen Aufrufes und des zu verrichtenden Gebetes. Entsende unseren Herrn Muhammed zur Wesile und räume ihm eine Vorzugsstellung (bei Dir) ein. Sende ihn an den gelobten Ort (im Paradies), den Du ihm versprochen hast. Wahrlich brichst Du Dein Versprechen nicht.

Edhan und Iqame

TESBIHAT NACH DEM GEBET
(Kurzfassung)

1. Wird direkt nach der Verrichtung des Pflichtgebets gesprochen	اَسْتَغْفِرُ اللّٰهَ الَّذِى لَا اِلٰهَ اِلَّا هُوَ الْحَى الْقَيُّومُ وَاَتُوبُ اِلَيْهِ
Wird direkt nach der Verrichtung des Pflichtgebets im Anschluss an "1." gesprochen	اَللّٰهُمَّ اَنْتَ السَّلَامُ وَمِنْكَ السَّلَامُ تَبَارَكْتَ يَا ذَا الْجَلَالِ وَالْاِكْرَامِ
2. Vor Beginn des Tesbihats	عَلٰى رَسُولِنَا صَلَوَاتْ
Vor Beginn des Tesbihats, im Anschluss an "2."	سُبْحَانَ اللّٰهِ وَالْحَمْدُ لِلّٰهِ وَلَا اِلٰهَ اِلَّا اللّٰهُ وَاللّٰهُ اَكْبَرُ وَلَا حَوْلَ وَلَا قُوَّةَ اِلَّا بِاللّٰهِ الْعَلِيِّ الْعَظِيمِ
Ayetul Kursi	بِسْمِ اللّٰهِ الرَّحْمٰنِ الرَّحِيمِ اَللّٰهُ لَا اِلٰهَ اِلَّا هُوَ اَلْحَىُّ الْقَيُّومُ لَا تَأْخُذُهُ سِنَةٌ وَلَا نَوْمٌ لَهُ مَا فِى السَّمٰوَاتِ وَمَا فِى الْاَرْضِ مَنْ ذَا الَّذِى يَشْفَعُ عِنْدَهُ اِلَّا بِاِذْنِهِ يَعْلَمُ مَا بَيْنَ اَيْدِيهِمْ وَمَا خَلْفَهُمْ وَلَا يُحِيطُونَ بِشَىْءٍ مِنْ عِلْمِهِ اِلَّا بِمَا شَاءَ وَسِعَ كُرْسِيُّهُ السَّمٰوَاتِ وَالْاَرْضَ وَلَا يَؤُدُهُ حِفْظُهُمَا وَهُوَ الْعَلِيُّ الْعَظِيمُ
Tesbihat: Jeder Ausspruch wird 33 Mal aufgesagt	سُبْحَانَ اللّٰهِ اَلْحَمْدُ لِلّٰهِ اَللّٰهُ اَكْبَرُ
Zum Abschluss des Tesbihats	لَا اِلٰهَ اِلَّا اللّٰهُ وَحْدَهُ لَا شَرِيكَ لَهُ لَهُ الْمُلْكُ وَلَهُ الْحَمْدُ وَهُوَ عَلٰى كُلِّ شَىْءٍ قَدِيرٌ سُبْحَانَ رَبِّىَ الْعَلِىِّ الْاَعْلَى الْوَهَّابِ

TESBIHAT NACH DEM GEBET
(Langfassung)

Nur nach dem Morgen-, Nachmittags- und Abendgebet, sagt der Muezzin (der Gebetsrufer) laut: لَاۤ اِلٰهَ اِلَّا اللّٰهُ . Daraufhin sprechen die Gemeindemitglieder leise zehnmal folgenden Ausspruch:

لَاۤ اِلٰهَ اِلَّا اللّٰهُ وَحْدَهُ لَا شَرِيكَ لَهُ ۞ لَهُ الْمُلْكُ وَلَهُ الْحَمْدُ وَهُوَ عَلٰى كُلِّ شَىْءٍ قَدِيرٌ ۞

- Anschließend sagt der Muezzin nur nach dem Morgen- und Abendgebet: اَللّٰهُمَّ اَجِرْنِى مِنَ النَّارِ . Daraufhin heben die Gemeindemitglieder ihre Hände mit den Handrücken nach oben und sprechen dieses Bittgebet leise siebenmal nach.

- Danach sagt der Muezzin laut: اٰمِينَ وَالْحَمْدُ لِلّٰهِ رَبِّ الْعَالَمِينَ . Daraufhin streichen sich alle Anwesenden mit den Händen übers Gesicht.

- Dann spricht der Muezzin der Reihe nach die folgenden Bittgebete (beim Mittags- und Nachtgebet beginnt der Muezzin hier das Tesbihat):

اَسْتَغْفِرُ اللّٰهَ اَسْتَغْفِرُ اللّٰهَ اَسْتَغْفِرُ اللّٰهَ الْعَظِيمَ ۞ اَللّٰهُمَّ اَنْتَ السَّلَامُ وَمِنْكَ السَّلَامُ فَحَيِّنَا بِالسَّلَامِ تَبَارَكْتَ رَبَّنَا وَتَعَالَيْتَ يَا ذَا الْجَلَالِ وَالْاِكْرَامِ ۞

لَا اِلٰهَ اِلَّا اللّٰهُ وَحْدَهُ لَا شَرِيكَ لَهُ ۞ لَهُ الْمُلْكُ وَلَهُ الْحَمْدُ يُحْيِى وَيُمِيتُ وَهُوَ عَلٰى كُلِّ شَىْءٍ قَدِيرٌ ۞

اَللّٰهُمَّ لَا مَانِعَ لِمَا اَعْطَيْتَ وَلَا مُعْطِىَ لِمَا مَنَعْتَ وَلَا يَنْفَعُ ذَا الْجَدِّ مِنْكَ الْجَدُّ ۞ وَلَا حَوْلَ وَلَا قُوَّةَ اِلَّا بِاللّٰهِ الْعَلِىِّ الْعَظِيمِ ۞ لَاۤ اِلٰهَ اِلَّا اللّٰهُ وَلَا نَعْبُدُ اِلَّا اِيَّاهُ لَهُ النِّعْمَةُ وَلَهُ الْفَضْلُ وَلَهُ الثَّنَاءُ الْحَسَنُ ۞ لَاۤ اِلٰهَ اِلَّا اللّٰهُ مُخْلِصِينَ لَهُ الدِّينَ وَلَوْ كَرِهَ الْكَافِرُونَ ۞

TESBIHAT NACH DEM GEBET
(Langfassung)

- Dann sagt der Muezzin leise: اَعُوذُ بِاللّٰهِ مِنَ الشَّيْطَانِ الرَّجِيمِ , anschließend laut بِسْمِ اللّٰهِ الرَّحْمٰنِ الرَّحِيمِ und اَلْحَمْدُ لِلّٰهِ رَبِّ الْعَالَمِينَ. Danach rezitieren die Gemeindemitglieder leise die Sure El-Fatiha.

- Dann sagt der Muezzin: اَللّٰهُ لَا اِلٰهَ اِلَّا هُوَ. Die Gemeindemitglieder sprechen daraufhin leise das Ayetul Kursi.

- Als nächstes sagt der Muezzin laut: شَهِدَ اللّٰهُ, woraufhin die Gemeindemitglieder folgende Verse rezitieren:

شَهِدَ اللّٰهُ اَنَّهُ لَا اِلٰهَ اِلَّا هُوَ وَالْمَلٰئِكَةُ وَاُولُوا الْعِلْمِ قَائِمًا بِالْقِسْطِ لَا اِلٰهَ اِلَّا هُوَ الْعَزِيزُ الْحَكِيمُ ۞ اِنَّ الدِّينَ عِنْدَ اللّٰهِ اْلاِسْلَامُ ۞ قُلِ اللّٰهُمَّ مَالِكَ الْمُلْكِ تُؤْتِى الْمُلْكَ مَنْ تَشَاءُ وَتَنْزِعُ الْمُلْكَ مِمَّنْ تَشَاءُ وَتُعِزُّ مَنْ تَشَاءُ وَتُذِلُّ مَنْ تَشَاءُ بِيَدِكَ الْخَيْرُ اِنَّكَ عَلٰى كُلِّ شَيْءٍ قَدِيرٌ ۞ تُولِجُ الَّيْلَ فِى النَّهَارِ وَتُولِجُ النَّهَارَ فِى الَّيْلِ وَتُخْرِجُ الْحَىَّ مِنَ الْمَيِّتِ وَتُخْرِجُ الْمَيِّتَ مِنَ الْحَىِّ وَتَرْزُقُ مَنْ تَشَاءُ بِغَيْرِ حِسَابٍ ۞

- Der Muezzin spricht die Besmele und sagt: قُلْ هُوَ اللّٰهُ اَحَدٌ, daraufhin rezitiert die Gemeinde leise die Sure El-Ikhlas.

- Anschließend spricht der Muezzin die Besmele und sagt laut: قُلْ اَعُوذُ بِرَبِّ الْفَلَقِ, woraufhin die Gemeindemitglieder leise die Sure El-Felaq rezitieren.

- Danach spricht der Muezzin die Besmele und sagt wieder laut: قُلْ اَعُوذُ بِرَبِّ النَّاسِ, woraufhin die Gemeindemitglieder leise die Sure En-Nas rezitierten.

TESBIHAT NACH DEM GEBET
(Langfassung)

- Nachdem die obigen Suren rezitiert wurden, sagt der Muezzin der Reihe nach سُبْحَانَ اللهِ , اَلْحَمْدُ لِلّٰهِ und اَللّٰهُ أَكْبَرُ. Die Gemeinde wiederholt jedes dieser Tesbih 33 Mal.

- Nachdem das Bittgebet beendet wurde, sagt der Muezzin: اٰمِينَ وَالْحَمْدُ لِلّٰهِ رَبِّ الْعَالَمِينَ und die Gemeindemitglieder streichen mit ihren Händen über das Gesicht.

- Daraufhin sagt der Muezzin: لَآ اِلٰهَ اِلَّا اللّٰهُ und die Gemeindemitglieder wiederholen diese Kelimtu Tewhid leise 10 Mal.

- Anschließend spricht der Muezzin: مُحَمَّدٌ رَسُولُ اللهِ صَلَّى اللهُ تَعَالٰى عَلَيْهِ وَسَلَّمَ und wiederholt dreimal das folgenden Salewat:

اَللّٰهُمَّ صَلِّ عَلٰى سَيِّدِنَا مُحَمَّدٍ وَعَلٰى اٰلِ سَيِّدِنَا مُحَمَّدٍ بِعَدَدِ كُلِّ دَاءٍ وَدَوَاءٍ وَبَارِكْ وَسَلِّمْ عَلَيْهِ وَعَلَيْهِمْ كَثِيرًا

- Das Wort: كَثِيرًا am Ende des Salewats wird beim dritten Mal einmal wiederholt, so dass man كَثِيرًا كَثِيرًا sagt:

- Nach dem Salewat beendet der Muezzin das Tesbihat mit folgendem Bittgebet:

اِلٰهِى صَلِّ وَسَلِّمْ وَبَارِكْ عَلٰى سَيِّدِنَا مُحَمَّدٍ الْمُصْطَفٰى وَعَلٰى جَمِيعِ الْاَنْبِيَاءِ وَالْمُرْسَلِينَ وَعَلٰى اٰلِ كُلٍّ وَصَحْبِ كُلٍّ اَجْمَعِينَ اٰمِينَ وَالْحَمْدُ لِلّٰهِ رَبِّ الْعَالَمِينَ

Zum Abschluss sagt der Muezzin: اَسْتَغْفِرُ اللّٰهَ und die Gemeindemitglieder wiederholen diesen Ausspruch leise 25 Mal.

Zeichen	Ursachen	Tedschwid-regel	Funktion	Beispiel
Wenn vor den vokallosen (ا ی و)	die entsprechenden Vokale (ﹷ ﹹ ﹻ) stehen.	handelt es sich um Meddu Tabii.	Die Dehnungsvokale dehnen den Buchstaben vor ihnen um eine Elif-Länge (also um eine Sekunde).	قَالَ ؛ كَانَ
Wenn auf einen der Dehnungsvokale (ا ی و)	ein kleines Hemze folgt (ء)	handelt es sich um Meddul Muttasil.	Dient dazu, den Buchstaben um höchstens vier/ mindestens zwei Elif-Längen zu dehnen.	جَاءَ ؛ سَوَاءٌ
	ein großes Hemze folgt (ا)	handelt es sich um Meddul Munfasil.	Dadurch darf der Buchstabe um höchstens vier Elif-Längen/ sollte aber um mindestens eine Elif-Länge gedehnt werden.	يَاۤاَيُّ مَاۤاٰنْتَ
	Scheddeh oder Dschezm folgt	handelt es sich um Meddul Lazim.	Dient dazu, den Buchstaben um höchstens vier/ mindestens drei Elif-Längen zu dehnen.	شَاقٌّ اللّٰهَ
	ein Dschezm (Arid) folgt, der durch das Stehenbleiben am Wortende zustande kommt	handelt es sich um Meddul Arid.	Kommt nach dem vorletzten Konsonanten eines Wortes ein Dehnungsvokal und hält man am Wortende beim Lesen inne, so dehnt man den vorletzten Konsonanten um mindestens zwei und maximal vier Elif-Längen.	يَعْلَمُونَ ؛ يَعْلَمُونْ

Tabellarische Auflistung der Tedschwid-Regeln

Tabellarische Auflistung der Tedschwid-Regeln

Zeichen	Ursachen	Tedschwid-regel	Funktion	Beispiel
Wenn auf ein Waw oder ein Ya mit Dschezm (وْ) (يْ)	wiederrum ein Buchstabe mit Dschezm folgt	handelt es sich um Meddul Lin.	Ya mit Dschezm oder Waw mit Dschezm wird um mindestens drei und höchstens vier Elif-Längen gedehnt.	خَيْرْ ؛ يَوْمْ
Wenn auf einen Tenwin oder Stummes Nun (نْ) (ـًـٍـٌ)	einer dieser Buchstaben folgt (ي م ن و)	handelt es sich um Idgham ma'al Ghunneh.	Tenwin und Stummes Nun werden mit diesen Buchstaben verbunden und summend um anderthalb Elif-Längen gedehnt.	مِنْ يَوْمٍ
Wenn auf einen Tenwin oder Stummes Nun (نْ) (ـًـٍـٌ)	einer dieser Buchstaben folgt (ر ل)	handelt es sich um Idgham bila Ghunneh.	Tenwin und Stummes Nun werden ohne Dehnung mit diesen Buchstaben verbunden.	مِنْ رَبِّكَ
Wenn auf einen Tenwin oder Stummes Nun (نْ) (ـًـٍـٌ)	einer dieser Buchstaben folgt ص ض ط ظ ف ق ك ت ث ج د ذ ز س ش	handelt es sich um Ikhfa'.	Tenwin und Stummes Nun werden andeutungsweise betont und um anderthalb Elif-Längen gedehnt.	مِنْ كُلٍّ
Wenn auf einen Tenwin oder Stummes Nun (نْ) (ـًـٍـٌ)	der Buchstabe „Be" folgt (ب)	handelt es sich um Iqlab.	Tenwin und Stummes Nun, die vor dem „Be" stehen, werden zu einem Mim umgewandelt und gedehnt.	مِنْ بَعْدِ
Wenn auf einen Tenwin oder Stummes Nun (نْ) (ـًـٍـٌ)	einer dieser Buchstaben folgt ا ح خ ع غ ه	handelt es sich um Izhar.	Hier wird ganz normal, ohne Dehnung oder Betonung, weitergelesen.	عَنْهُمْ ؛ مِنْهُ

Tabellarische Auflistung der Tedschwid-Regeln

Zeichen	Ursachen	Tedschwid-regel	Funktion	Beispiel
Wenn auf einen Buchstaben mit Dschesm	der gleiche Buchstabe mit einem Vokalzeichen folgt	handelt es sich um Idghamul Mithleyn.	Die beiden gleichen Buchstaben werden so verschmolzen, dass sie wie ein einziger Buchstabe mit Schedde gelesen werden.	اِذْذَهَبَ
Wenn einer dieser Buchstaben ق ط ب ج د	ein Dschesm trägt	handelt es sich um Qalqale.	Diese Buchstaben werden vom Vorbuchstaben angestoßen und betont ausgesprochen.	اِقْرَاْ
Wenn vor dem Buchstaben „Lam" im Namen Allahs (Lafzetullah) اَللّٰهُ	ein Buchstabe mit einem Vokalzeichen [e] oder Vokalzeichen [u] steht	tritt die Regel für Lafzetullah in Kraft.	Der Buchstabe „Lam" im Namen Allahs wird dunkel ausgesprochen.	وَاللّٰهِ
	ein Buchstabe mit einem Vokalzeichen [i] steht	tritt die Regel für Lafzetullah in Kraft.	Der Buchstabe „Lam" im Namen Allahs wird hell ausgesprochen.	بِاللّٰهِ

Tabellarische Auflistung der Tedschwid-Regeln

Zeichen	Ursachen	Tedschwid-regel	Funktion	Beispiel
Wenn „Ra" (ر)	ein Vokalzeichen [e] oder Vokalzeichen [u] trägt (oder das „Ra" selbst einen Dschezm trägt und der ihm vorangehende Buchstabe ein Vokalzeichen [e] oder Vokalzeichen [u] trägt)	tritt die Regel für das „Ra" in Kraft.	Der Buchstabe „Ra" wird dunkel ausgesprochen.	مَرَجَ ؛ قَدَرْ
	ein Vokalzeichen [i] trägt (oder das „Ra" selbst einen Dschezm und der ihm vorangehende Buchstabe ein Vokalzeichen [i] trägt)	tritt die Regel für das „Ra" in Kraft.	Der Buchstabe „Ra" wird hell ausgesprochen.	رِسَالَةٌ ؛ اِصْبِرْ
Wenn vor einem runden „He", das als Personalpronomen fungiert (ه)	ein Buchstabe mit Vokalzeichen steht	tritt die Regel für den Damir in Kraft.	Der Buchstabe „He" wird um eine Elif-Länge gedehnt.	رَبَّهُ
	ein Dehnungsvokal odervein Buchstabe mit Dschezm steht	tritt die Regel für den Damir in Kraft.	Das „He" wird kurz, ohne Dehnung, ausgesprochen.	فِيهِ